W0400685

El desconcert de l'educació

Obertures, 7
Col·lecció dirigida per Salvador Cardús

Salvador Cardús

EL DESCONCERT DE L'EDUCACIÓ

Les claus per entendre el paper
de la família, l'escola, els adolescents, els
valors, la televisió...
i la incertesa del futur.

EDICIONS
La campana

1a edició: febrer del 2000
5a edició: octubre del 2000

© Salvador Cardús i Ros
Edicions La Campana
Balmes, 65, 4t, 1a
08007 Barcelona
Tel.: 93 453 16 65 / Fax: 93 451 89 18

Disseny coberta: Helena Batet

ISBN: 84-88791-89-5
Dipòsit legal: B. 45.439 - 2000
Fotocomposició: EdiGestió (Barcelona)
Imprès a Romanyà/Valls. Capellades (Barcelona)

Als meus pares Anna i Francesc
i als meus fills Esteve, Pere i Joaquim.
M'han ensenyat que l'educació
pot ser una experiència fantàstica.

Introducció

El punt de vista de l'autor

El món de l'educació es mira la realitat social gairebé només amb categories morals. Segons aquesta perspectiva, el problema és si els pares dimiteixen d'educar o s'hi atreveixen, si els joves passen de tot o si s'apunten a una ONG i si els mestres han perdut la vocació o encara en tenen. I tot això es produeix enmig de la suposada maldat intrínseca d'una societat consumista i competitiva, violenta, intolerant i insolidària, on regnen la televisió, la publicitat i una profunda crisi de valors. La qüestió és trobar els culpables morals del gran desconcert que plana damunt de l'educació.

Com a conseqüència d'aquesta permanent sospita moral, se sol creure que la solució de tots els mals es troba en una mena de gran regeneració col·lectiva. Gairebé tots els problemes socials sembla que s'acabarien si l'educació fos el que hauria de ser i tingués el reconeixement que hauria de tenir. L'educació familiar i escolar, per tant, és vista com la responsable de transmetre els valors que haurien de permetre fer front a una societat moralment corrupta. I, per tant, una bona educació donaria lloc a una societat fantàstica.

He de dir que no comparteixo en absolut aquest punt de vista. No comparteixo ni aquests judicis morals catastrofistes ni crec que sigui raonable convertir l'educació en la solució d'allò que no hi té res a veure. Que la solució universal de tots els problemes sigui l'educació és, de passada, ferla responsable de tot allò que no funciona. Al capdavall l'educació, fins i tot la bona educació, té conseqüències socialment limitades.

La meva mirada és radicalment diferent. En primer lloc, crec que la realitat social s'ha d'analitzar sense valoracions morals: hi ha determinants estructurals –històrics, econòmics, socials i culturals– que poden donar compte de per què les coses són d'aquesta o d'aquella manera. És a dir: les coses són com són, en molt bona part, al marge de les voluntats morals dels individus que hi són implicats. I en segon lloc, no crec en la possibilitat de regeneracions morals col·lectives. Ni hi crec, ni m'agradaria que fossin possible, perquè encara apareixerien més personatges d'aquests que tenen la temptació de regenerar-nos per decret. La meva proposta, per contra, és tan modesta com clara: només la consciència individual d'allò que ens determina col·lectivament ens pot permetre emancipar-nos-en, i encara parcialment. Que ja és molt.

És per això que parteixo de la idea que el desconcert actual de l'educació no té gran cosa a veure amb culpabilitats morals, sinó que es pot explicar simplement observant quina mena de societat ens ha tocat viure. I també és per això que afirmo que per sortir del desconcert no hi ha solucions col·lectives, sinó que cadascú ha de trobar el seu propi camí. Els determinants socials ho són per a tothom, però les possibilitats d'alliberar-se'n, generalment, són individuals. No sé si són possibles noves revolucions d'alliberament col·lectiu. Però, en tot cas, mentre no arribin, cal situar la responsabilitat moral de transformar el propi entorn en l'àmbit dels compromisos personals.

El desconcert de l'educació, en aquest sentit, és una invitació al compromís personal per fer front a una desorientació general que no és a les nostres mans resoldre. A més, la resolució general del desconcert –si és que fos possible– arribaria tard per a l'educació del fill o l'alumne que no poden pas esperar. Al desconcert, cal plantar-hi cara des d'ara mateix. I per fer-ho, és indispensable saber on som, tan exactament com sigui possible. Aquest llibre, en definitiva, es proposa analitzar on som per tal que cadascú pugui actuar en conseqüència.

L'origen del llibre

El desconcert de l'educació és el resultat de fer una tria de la col·lecció de guions del més d'un centenar de conferències que he donat aquests darrers anys sobre temes educatius. De triar-los, revisar-ne les idees, escriure'ls i transformar-los en un llibre. Es tracta de conferències que no anaven dirigides a professionals experts en educació perquè jo, estrictament, tampoc no en sóc, d'expert en sociologia de l'educació. Han estat conferències, això sí, adreçades a gent amb experiència com a educadors: associacions de mares i pares, organitzacions de mestres, els mateixos alumnes i altres institucions –ajuntaments, parròquies, ateneus...– amb preocupacions i responsabilitats educatives. Faig la precisió perquè, tot i que sembli absurd, la nostra societat afavoreix la multiplicació d'experts sense experiència i ignora l'experiència de qui no té títol d'expert. I sóc del parer que és més fàcil encarar-se a un públic d'experts sense experiència, a qui es pot convèncer –o enredar– amb els recursos habituals de la retòrica acadèmica, que no pas adreçar-se a gent experimentada, que escolten l'expert amb aquella cara de dir-li «ja m'agradaria veure-t'hi!».

Les conferències sempre les dono seguint un guió detallat que he escrit prèviament sobre unes fitxes ratllades –vuit o deu– agafades amb un clip, que després guardo en aquests clàssics arxivadors de calaixet de cartró verd. Fa vint anys que ho faig així i, com en tantes altres coses, he comprovat que la constància a seguir un costum –convertida gairebé en una mania–, per arbitrària que fos, a la llarga ha estat d'una utilitat extraordinària. I a més, puc dir que les noves tecnologies informàtiques encara no han inventat res que sigui tan pràctic com les fitxes, i que a més et càpiga a la butxaca de l'americana. Les fitxes, a més de contenir les idees fonamentals del que vull dir, fan clara l'estructura argumental –dividida en introducció, apartats i subapartats i conclusions– i m'ajuden a seguir el fil i el ritme de l'exposició. El guió bàsic és escrit en tinta negra, però també són plenes d'anotacions en llapis o tinta vermella, amb exemples o matisos que se m'acudeixen en repassar la fitxa abans de començar o que hi afegeixo després com a resultat dels comentaris que m'hi han fet en els col·loquis posteriors a la conferència. Com que faig la lletra petita, hi caben moltes coses, en vuit o deu fitxes. I ara, com he dit, he escollit onze conferències del calaix de temes d'educació, he desenvolupat els esquemes previs dels guions, he revisat les idees antigues i hi he afegit noves reflexions. I finalment, m'he posat a escriure.

Quan preparo les conferències, segons les qüestions que se'm demana que tracti, segons el públic que imagino que tindré i segons les observacions crítiques que se m'han fet en els col·loquis d'altres conferències anteriors, vaig modificant els guions per a cada cas. No és el mateix fer una conferència als nois i les noies d'un institut públic de la perifèria de Badalona que a uns mestres organitzats en una associació catòlica a Cervera, ni és el mateix fer-la a les dotze famílies de pagès que porten les seves criatures a l'escola pública de Borredà que a les famílies de classe mitjana urbana dels cinc-cents alumnes dels jesuïtes de Casp, al centre de Barcelona. I sobretot, no és la mateixa conferència la que has pensat a casa tot sol, que la que fas després que mitja dotzena de mares i pares t'hi hagin fet tota mena d'observacions crítiques.

Aquesta possibilitat d'adaptar la manera d'explicar allò que vols dir a qui t'ha d'escoltar, en un espai i un temps concret, no és possible quan s'escriu un llibre. En canvi, per escrit, pots matisar millor allò que dius –sense els límits dels tres quarts d'hora o l'hora preceptius de la conferència– fins a fer-ho accessible a un espectre més ample de lectors. I si bé és cert que molts dels qui han escoltat les conferències mai no les haurien llegit, encara n'hi ha més que podran llegir aquest llibre i que probablement mai no m'escoltaran. Ara bé, les cares que he tingut davant mentre escrivia el llibre eren més borroses. I només lamento que els qui el llegeixin ho tinguin més difícil per discutir-lo i contradir-me, encara que els convido a fer-ho amb tota franquesa a la meva adreça electrònica: salvador.cardus@uab.es

Entendre, més que donar receptes

Aquests textos, que volen ser sobretot una anàlisi de la realitat dels estils d'educació actuals, no donen –o no volen donar—receptes fàcils i universals per a tothom. Sí que, en canvi, han estat pensats per ser posats al servei de l'acció educadora concreta i particular. Això de no voler donar solucions i, en canvi, voler estar al servei de l'acció educadora, pot semblar una contradicció, però no ho és. Aquesta és una de les coses que em costa més d'explicar, però el coneixement crític només és útil si d'entrada sap renunciar a buscar una utilitat immediata. Donar solucions concretes, en educació, no serveix de res. Facilitar una bona anàlisi de com són les coses, però, pot ser un primer pas realment útil. Les solucions d'urgència són com una tireta damunt la ferida que, de moment, la tapa, la protegeix, però que no la cura. Especialment en el terreny de l'educació, les receptes són inútils perquè no poden tenir en compte cada context particular en què han de ser aplicades.

Per exemple, si jo ara expliqués com ens ho hem fet a casa per domesticar amb èxit l'ús de la televisió, serviria de poc o de res com a recepta general, perquè la nostra particular manera de fer només ha pogut funcionar al costat de cinquanta maneres de fer més que s'hi relacionen. En canvi, amb una bona anàlisi general dels factors que entren en joc en el fet de veure la televisió és més fàcil aconseguir que tots els lectors entenguin més adequadament quina és la seva relació particular amb la televisió. La idea de fons és que si es donen eines perquè cadascú pensi pel seu compte cada cas particular, possiblement s'està en millors condicions per trobar la pròpia manera de fer. Aquest llibre, doncs, en cap cas no vol ser de receptes educatives, i els exemples no són altra cosa que una forma de fer més clares les idees i de mostrar que han estat pensades perquè cadascú hi trobi una traducció pràctica.

El desconcert de l'educació, però, tampoc no és un llibre de teoria teòrica, per dir-ho així. A mesura que he anat fent conferències, amb els anys, cada vegada més m'ha semblat entendre que quan se'm plantejava un problema no el podia anar a fer encara més gros, que és el que sovint sol passar. Després d'haver estat víctima com a pare de moltes conferències d'experts, he arribat a la conclusió següent: si uns pares, posem per cas, demanen una conferència perquè han sentit dir vagament que la violència a la televisió és preocupant, no és decent que després d'escoltar l'expert que han convidat a parlar-ne, l'únic que hagin aconseguit és marxar més angoixats del que estaven. La meva manera de parlar sobre aquests temes d'educació és, si més no en la intenció, diferent.

Desdramatitzar la realitat

El meu objectiu principal, davant de qualsevol problema de què he de tractar és veure, primerament, si n'hi ha, de problema, i fins a quin punt ho és. En algun cas, fins i tot m'he vist obligat a desmentir que allò que preocupa sigui realment un problema. Llavors, no he resolt el problema, sinó que he provat de desmuntar-lo. I és que sóc del parer que molts dels problemes que creiem que tenim són falsos problemes que d'altres ens han imposat malintencionadament. N'hi ha que són falsos perquè no tenen solució, i llavors no cal patir-hi més. Ningú no diria mai que pel fet que els humans no disposem d'ales per volar, tenim el *problema* de no poder volar! D'altres, són falsos problemes en el sentit que tal com es plantegen suggereixen falses solucions, de manera que, en aquest cas, l'entrebanc per solucionar-los es troba, sobretot, en la solució equivocada que s'hi dóna.

Einstein havia dit que un problema sense solució és un problema mal plantejat. En el mateix sentit, afirmo que només s'ha de considerar problema allò que té solució. Ja sé que és una obvietat etimològica –un *problema* és una *tasca*, una *qüestió proposada*, i no una camí sense sortida–, però avui dia n'hi ha que s'entossudeixen a confondre un obstacle insalvable amb un gran problema. No arribaré a dir el que anunciava un cartell a la sala d'espera d'una empresa nord-americana: «Si no saps resoldre un problema, vol dir que el problema ets tu», perquè hi ha problemes la solució dels quals no depèn només de nosaltres. Però sí que penso que és una irresponsabilitat professional que sociòlegs, psicòlegs, pedagogs o antropòlegs, pel fet de viure d'analitzar problemes, tinguem la temptació de fer-los grossos, com si amb la grandària del problema, també creixés la nostra importància professional. En definitiva, la meva manera d'encarar els problemes és, primer, desinflar-los –si puc– i després fer-los comprensibles per tal que cadascú, segons les seves possibilitats, hi pugui posar remei.

També tinc molt present en aquest llibre que ningú no educa en el buit i que no tot és qüestió de ser capaç de prendre bones decisions per part de l'educador, com si educar fos escriure en un full blanc –la criatura– allò que lliurement s'ha decidit apuntar-hi. I sé perfectament que tota acció educativa té uns fortíssims condicionaments relacionats amb l'origen econòmic, cultural i social dels que hi estan implicats, que s'imposen ho vulguis o no a les consciències i a les voluntats particulars. A més, la major part d'aquests condicionaments ens són invisibles i els vivim com una cosa natural, *lògica*, de sentit comú.

És per això que l'educació té una dimensió paradoxal, conservadora i revolucionària alhora. D'una banda, educar és reproduir en el noi o la noia els condicionaments i les desigualtats de partida, i transmetre els models socials d'origen, que són els que donen continuïtat al grup i a una societat determinada. De l'altra, educar també pot consistir a transmetre eines d'emancipació en contra d'aquests condicionaments i desigualtats, o per dirho en paraules de Ciceró, «alliberar l'estudiant de la tirania del present». Educar és posar en relació una interpretació del passat amb una expectativa de futur, amb l'objectiu de transcendir el present. El que canvia, segons els casos, és la proporció de cada ingredient que hi posa l'educador, o la mescla que finalment farà el beneficiari d'aquesta educació.

Objectiu, però no neutral

Finalment no puc deixar d'advertir en aquesta introducció que les meves anàlisis sobre els estils actuals d'educació i les idees i opinions que sostinc no són pas neutrals. Sí que volen partir d'una anàlisi de la realitat el més objectiva possible, per bé que tot es pot discutir, millorar i esmenar. Però és clar que, més enllà de l'anàlisi de les coses com són, jo tinc uns partits presos sobre aquesta realitat educativa. Per molta anàlisi rigorosa i distanciada de la qual vulgui partir, finalment hi ha una mirada personal que és fruit d'una experiència pròpia, esclava d'uns condicionaments particulars i d'unes opcions personals, que poc o molt són la mesura de la meva limitada capacitat per emancipar-me d'aquests mateixos condicionaments i experiència a l'hora d'escriure el llibre.

Quan es dóna una conferència, el pes d'aquests condicionaments personals, fins i tot sense dirne res de manera explícita, queda força clar. La presència física, la manera de parlar, els exemples, les anècdotes, les ironies i els recursos humorístics delaten a l'auditori la mirada particular del conferenciant, i el pot escoltar, també, prenent més distàncies i amb més precaucions. D'altra banda, si el conferenciant és observador, pot imaginar qui té al davant amb força precisió per jugar amb eficàcia amb el propi retrat personal. La conferència té un paisatge exterior i una posada en escena interior que, amb poques paraules, ajuda a entendre-ho tot una mica millor. Aquesta presència física, doncs, permet controlar algunes de les confusions inevitables en tota comunicació.

Però el llibre fa invisible qui l'ha escrit i universalitza l'audiència que llegeix. L'autor no té davant un lector concret quan escriu, i el lector no té davant l'autor quan el llegeix. I com que aquest llibre, inevitablement, diu tant de l'educació en general com de mi mateix en particular, he procurat, amb tota la claredat de què he estat capaç, facilitar al lector que pugui distingir una cosa de l'altra. Espero, doncs, que el lector d'*El desconcert de l'educació*, amb intel·ligència i subtilitat, sempre que vulgui, sàpiga prescindir de la meva presència i es quedi amb allò que consideri veritablement rellevant per a la seva pròpia experiència.

1
Per una escola intel·ligent

El món escolar, i el de l'ensenyament en general, viu la seva relació amb el conjunt de la societat a la defensiva. No sempre, és clar. Però sí que se sent permanentment qüestionat i es veu obligat a justificar-se perquè cada dos per tres es posen en dubte els objectius del seu treball, els mètodes que utilitza i els criteris amb què actua, la formació i la vàlua dels professionals que hi són implicats o els resultats immediats i a llarg termini que aconsegueix. Amb freqüència, el món escolar opta per mossegar-se la llengua i interioritza tot el desafecte que descobreix en la mirada inquisitiva d'una societat insatisfeta que necessita trobar culpables.

Per tant, no dic que no hi hagi raons de pes per estar tant a la defensiva. Ara bé, la conseqüència més immediata d'aquesta situació és que converteix l'escola en un espai social opac, que se sol tancar a la mirada exterior i que es torna extraordinàriament susceptible a qualsevol intromissió. I això, a més, és viscut des de la contradicció moral d'una escola progressista que s'havia pensat a ella mateixa en termes d'obertura i de diàleg amb l'entorn social on estava arrelada. Com passa sovint en el terreny dels sentiments, les reaccions irreflexives a una experiència de desafecte no porten a saber-se fer estimar més, sinó que creen un cercle viciós que accentua la desconfiança inicial. I això és el que li passa a la nostra escola.

Les causes de la mala premsa de l'escola

Ho diré tal com ho veig: l'escola, dipositària de gairebé totes les esperances del progrés de les persones i de la societat en general, s'ha convertit alhora en un dels més destacats caps d'esquila dels problemes del nostre temps. De manera contradictòria, la fem culpable de gairebé tots els mals i alhora n'esperem gairebé totes les solucions. Pares i administracions dediquen més recursos que mai a educar els propis cadells, mai tanta gent havia anat tant de temps a l'escola ni tampoc mai no hi havia hagut tants experts en pedagogia i sociologia de l'educació. I, malgrat tot, no s'aconsegueixen els efectes que se n'esperaven. No hi ha cap partit polític que no la posi com a primeríssima prioritat en els seus programes, i tothom segueix tenint la impressió que l'escola és la ventafocs de totes les institucions. A més, la realitat d'una escola sotmesa des de fa anys a plans de reforma permanents, i a reformes de les reformes que aviat caldrà tornar a reformar, ens la fa veure com un carrer esventrat sempre en obres i suggereix la idea d'una institució precària en els mitjans i incerta en els objectius.

Hi ha tres causes fonamentals que expliquen no només la mala premsa, sinó també la crua realitat de l'escola: una, els prejudicis amb què és observada; dos, la confusió general que hi ha sobre què se n'ha d'esperar i tres, les sòlides rutines que la tenallen i que impedeixen que doni una resposta adequada als nous temps. Parlem-ne, doncs.

Confusions i contradiccions

En primer lloc, quan parlo de prejudicis, vull dir que en els judicis que fem de l'escola pesen, i molt, les creences i les expectatives que tenim sobre la societat present i, sobretot, la del futur. I si, com em sembla que passa, avui dia sol predominar una mirada catastrofista sobre la nostra realitat social i el futur que li espera, l'escola queda atrapada en aquesta visió pessimista. Un negativisme, d'altra banda, inflat fins a l'exageració pels estils informatius d'alguns mitjans de comunicació que s'hi rabegen amb complaença. Si, posem per cas, ens han fet creure que vivim en una profunda crisi de valors, o si ens han convençut que els estils de vida actuals porten inevitablement a la infelicitat o, encara, si ens hem arribat a empassar que la vida urbana és més aspra i agressiva que la vida rural *d'abans* –per assenyalar tres típiques supersticions de moda–, la nostra mirada sobre l'escola partirà d'aquests tòpics i l'en farà responsable. L'escola, vista amb aquests ulls, haurà *fracassat* com a educadora de valors, com a transmissora d'estils de vida i serà considerada com un cau de tensions. En canvi, si som capaços de resistir la imposició de la moda i pensem, al contrari de tot això, que hem estat especialment de sort de viure en aquesta part de món i en aquesta època, si ens sentim afortunats pels estils de vida que ens proporciona la nostra societat o estem convençuts que el món rural era de formes més rudes que les actuals, llavors l'escola quedarà deslliurada d'aquelles acusacions. I és que una mirada supersticiosa, quan ens parla de l'escola –o del que sigui–, diu molt més del que pensen els ulls que miren que no pas sobre com és, de veritat, l'escola.

Per què la volem

De la mateixa manera, i en segon lloc, l'actual mala imatge de l'escola té a veure amb el fet que no només n'esperem coses contradictòries, sinó que ni se sap ben bé per què la volem. Més enllà de repetir quatre principis retòrics, sembla que no hi ha grans acords sobre els objectius de l'escola actual. Així, es diu que l'escola ha de formar futurs bons professionals superespecialitzats. Però també diem que hauria de donar una bona base científica i humanística de caràcter generalista, per tal que l'especialització en diversos batxillerats abans d'hora no ens faci a tots ignorants en una o altra cosa elemental. O bé convenim a dir que l'escola ha d'ensenyar a viure en un món dur i competitiu, que ha de viure connectada a la societat, però alhora opinem que ens ha d'estovar per tal que n'endolcim les formes de relació. I ens sembla clar que a l'escola hi hem d'aprendre a ser persones, tot i que tothom compta que alhora serà prou realista per ensenyar-nos a viure en un món de bèsties.

Segons com va la conversa, un dia podem acabar demanant més llatí i més filosofia, i l'endemà lamentar que l'escola no ensenyi a conduir automòbils o a fer petites reparacions domèstiques. O bé tothom veu bé que ensenyi informàtica però ningú s'adona que no explica res del que és l'administració de justícia i de com ens hi hem de relacionar. I tant li exigim que torni a ensinistrar la memòria com que no perdi el temps fent aprendre informacions que trobarem fàcilment a Internet. O que aprofundeixi en l'ensenyament de la cultura tècnica i científica d'una banda, i que sigui, més que res, un espai d'experiència de vida de l'altra.

No cal dir que també ens afegiríem unànimement a demanar que l'escola vagi més al gra dels problemes concrets, però que no deixi mai de ser un oasi de reflexivitat enmig del pragmatisme generalitzat. Tot això, és clar, ho voldríem amb la garantia d'un èxit compartible pel conjunt de la societat –ens esgarrifa tant de fracàs escolar!–, però que, si pot ser, ens assegurés que el nostre fill se'n sortirà una mica millor que els fills dels altres. I ho voldríem, a més, amb independència de parar-nos a pensar cap on ens porten tots aquests afanys.

La rutina

La tercera causa de la mala premsa de l'escola és la seva poca capacitat d'adaptació pràctica als problemes quotidians i als canvis en els estils de vida. L'escola, que hauria de ser a l'avantguarda dels canvis socials, sovint ha acabat sent la guardiana del passat. No hi tinc res a dir –jo mateix no en sabria prescindir– però la imatge emblemàtica de l'escola, en l'època de les pantalles interactives i d'Internet, segueix sent el guix i la pissarra a la paret, instruments d'un primitivisme tan gran que només se'n pot fer càrrec el professor que cada dia ha de tornar a casa tot empolsinat. Tot allò que aquesta institució ha estat al llarg de la seva història –la tradició escolar, si es vol dir així– a hores d'ara, més que no pas una sòlida base per construir-hi nous projectes, és un llast que impedeix fer els canvis radicals que necessitaria per adaptar-la al món actual. Sovint tinc la impressió que a l'escola es fan reformes permanents en allò que és relativament secundari perquè ningú no gosa tocar el que és fonamental. En altres casos, sembla que són els mateixos reformadors escolars que confonen allò que és fonamental amb el que és accessori. O, encara pitjor, que fins i tot quan se sap quins canvis fonamentals caldria fer-hi, les rutines institucionals derivades de l'estructura burocràtica a què l'ha abocat el caràcter de servei públic, els impedeixen. Per exemple, i per posar el dit on pot fer més mal, no és cert que hi ha una profunda contradicció entre la condició vital de mestre i la condició professional de funcionari? Per què de l'escola –concretament de la pública– es pot reformar tot menys el sistema d'oposicions, les promocions per antiguitat o per punts, les places en propietat i els llocs de treball vitalicis?

L'escola, el desenvolupament de la qual ha anat històricament tan lligat als processos de construcció dels estats i les nacions modernes, ha esdevingut per damunt de tot un instrument d'homogeneïtzació identitària, lingüística, cultural i ideològica, i això s'ha fet gràcies a un estricte control públic del sistema educatiu. L'Estat ha controlat i controla encara els plans d'estudi: quantes hores de *Formación del Espíritu Nacional* abans, i quantes hores de Català i Castellà o d'Ètica ara. L'Administració pública vigila els continguts de les assignatures: no tan sols autoritza els llibres de text, sinó que pot obligar a anomenar la llengua catalana, al sud de la Sènia, *valencià*. L'Estat, en un sentit genèric –ara no entraré a discutir com s'exerceixen les competències dites *autonòmiques* en aquests camps– té el control de la formació i de la carrera professional dels mestres i el monopoli del control dels certificats d'estudis. I l'Estat regula el sistema de mèrits, que en el món de l'ensenyament està pervertit per la necessitat de quantificar-los i convertir-los en una carrera professional. En el cas de la universitat, que conec més de prop, la situació és patètica. Segons la meva opinió, doncs, entre els principals obstacles de tota transformació de l'escola, fins i tot quan hi ha algú que sap què en vol fer, hi ha aquesta dependència estatal i tota l'estructura burocràtica que saboteja qualsevol intent de transformació profunda.

Potser un dels casos més sagnants d'aquesta incapacitat per sortir de la burocràcia meritocràtica, l'exemplificaria l'anàlisi dels canvis en el sistema tradicional d'avaluació amb notes. Del 0 al 10 de quan jo era nen, es va anar passant, primer, per un emmascarament progressiu a través de variacions merament nominals –els meus *suspensos* es van substituir pels *deficients* o *molt deficients* dels meus fills–, i posteriorment, encara es va embolicar més amb allò d'avaluar *coneixements*, *procediments* i *actituds*. Tantes complicacions, al capdavall i irònicament, per acabar portant els nois i noies a competir a les proves de selectivitat al final de la secundària, com mai no havia passat, per aquella dècima de més o de menys que permet entrar a la universitat o triar estudis. I tant embolicar la troca per acabar discutint, en la darrera *gran* reforma de la selectivitat, després de mesos de reflexió entre tècnics, si les proporcions entre la nota escolar prèvia i la de l'examen de selectivitat ha de ser de mig i mig, o del 60 i el 40 per cent. Tot un gran ball de confusions per poder justificar la necessitat de classificar uns estudiants de la manera més *políticament correcta*.

I si comencéssim de zero?

Tot el que he dit fins aquí suggereix la idea que potser la pregunta del milió que s'hauria de poder respondre és aquesta: *com faríem l'escola d'avui si poguéssim començar de zero?* Ara bé, pensant-hi una mica més, posant-hi seny i prudència, és fàcil adonar-se que aquesta és una pregunta amb parany. I, fins i tot, cal acceptar que és una pregunta sense resposta. O encara pitjor: que és, decididament, una mala pregunta. D'una banda, perquè no té una única resposta simplement pel fet que no pas tothom vol la mateixa escola. Però, d'altra banda, és una mala pregunta perquè mai no es pot començar de zero. Ni les revolucions més traumàtiques no comencen de zero sinó que, malgrat elles mateixes, necessiten el referent de la situació prèvia per revoltar-s'hi.

I, encara, hi trobo un altre inconvenient, a la pregunta: una cosa seria mantenir la resposta en el pla de les idees, però no seria gens recomanable que es pogués fer de veritat, amb intenció d'aplicar el principi de fer taula rasa de tot l'anterior. Si mai comencéssim de zero, els qui tenen el poder efectiu per defensar la mena de societat que més els convé, allò que en diem els poders fàctics, s'imposarien sense gaires contemplacions i el més probable és que la nova escola anés en el sentit contrari dels qui, de bona fe, haurien proposat els canvis. La tradició en general, i la tradició escolar en particular, no és només un fre per al progrés i el canvi –que ho és– sinó que també és un magnífic impediment per al retrocés respecte als avantatges que amb els anys ha aconseguit l'escola. Per tant, començar de zero, prescindir de la tradició adquirida, sobretot facilitaria les coses als interessos de determinats grups dels quals tinc la certesa que ni jo ni la majoria dels ciutadans no formem part. Què passaria si les grans multinacionals, les grans indústries de l'oci o els imperis de la comunicació inventessin una escola a la mida dels seus interessos? No podria ser que, en lloc de debats entre la conveniència de mantenir una escola laica i una de religiosa, acabéssim discutint els avantatges i les diferències entre la xarxa *Disney* d'escoles i la xarxa *Toys-R-us*?

La necessitat de reflexionar

Encara més: començo a tenir la sospita que, si comencéssim de zero, potser el primer que caldria fer seria convèncer el mateix Estat que en volgués tornar a tenir, d'escola, ara que ja té la televisió, la publicitat i la cultura popular de massa, que són els grans instruments de dominació simbòlica que necessita per disciplinar els ciutadans. I tinc la seguretat que seria molt complicat tornar a fer un lloc i un temps per a l'escola en els pressupostos públics i en els horaris familiars, quan, després d'haver-la reduït a zero per tornar a començar, ja ho tinguéssim tot repartit.

Això de *començar de zero*, doncs, només té sentit entès com una metàfora per provocar una reflexió sobre com hauria de ser l'escola que hem de menester en aquest tercer mil·leni. I de poder-hi reflexionar sense la limitació d'haver de tenir present totes les circumstàncies que fatalment creiem que impedirien aconseguir-la. És a dir, la pregunta que ens hauríem de fer és quina escola voldríem si no haguéssim de comptar amb l'obstacle de tota una colla de rutines organitzatives i de malentesos conceptuals que són els que impedeixen reformar allò que veritablement en transformaria els fonaments. Això ens permetria donar resposta als desafiaments que té plantejats el món escolar d'avui. Imaginar que es comença de zero, fer una mena de taula rasa amb tot l'anterior, a més, té la gràcia que, només de pensar-hi, esgarrifa. I aquest és un estat d'ànim molt apropiat per començar a revisar críticament les pròpies certeses.

Ara bé, allò que diré de l'escola en aquest capítol, certament, no anirà tan enllà. Primer, perquè la meva perspectiva d'anàlisi no em permet fer aquesta mena d'artificis sense vulnerar la mateixa lògica dels arguments: em pesa massa la meva condició de sociòleg –la sociologia és fonamentalment determinista i socialment pessimista– i això d'imaginar un model d'escola ideal sense condicionaments socials previs, fondria els ploms de la poca o molta lucidesa i de la coherència que hi pugui haver en aquestes pàgines. La pregunta és de les que jo no goso respondre, i més aviat caldria fer-la a mestres que alhora fossin molt experimentats i que mantinguessin una tenaç capacitat per a la utopia.

En segon lloc, no sóc tan insensat de pensar que me'n podria sortir tot sol sense fer el ridícul. La idea de què faríem si comencéssim de zero, no pot pas ser esgotada en un capítol d'un llibre sobre educació escrit per un sol autor. Són tants i tants els que han dedicat i dediquen la seva vida a repensar l'escola que, en tot cas, la proposta hauria de ser aprofitada com a punt de partida per a la celebració d'un gran congrés sobre l'escola. Un congrés patrocinat –si s'hi atrevien– per les autoritats competents en la matèria per tal de buscar no pas una resposta definitiva i tancada, sinó per fer un exercici de reflexió que fos com una gran pluja d'idees que assaonés la voluntat transformadora de l'escola del nou segle.

Una escola a la defensiva

Una prova més de la mala recepció que en molts ambients de mestres i professors té qualsevol mirada exterior que vulgui analitzar l'escola la tenim en la manera com es reben els debats públics que la prenen com a protagonista. Tant si es tracta d'un programa de televisió sobre la violència a les aules britàniques, com de la publicació de la darrera enquesta sobre la qualitat de l'ensenyament –i que torna a descobrir que són molt pocs els estudiants que saben on és exactament el Pedraforca o els que poden situar correctament en el calendari la Guerra Civil espanyola–, el món escolar està a la que salta. Fins i tot la Conselleria d'Ensenyament ha d'amagar els informes que posen al descobert els elevats riscos que per a la salut mental té la feina de mestre. Jo mateix he pogut comprovar com a periodista, quan he col·laborat en mitjans de comunicació, que hi ha una certa incomoditat a l'hora de tractar el món escolar pel temor a la previsible mala reacció del col·lectiu de mestres, que solen fer arribar les seves protestes als directors dels mitjans. I fins i tot quan he escrit articles d'opinió en defensa de l'escola, he tingut la impressió que, a parer dels defensats, mai no l'acabava d'encertar del tot i que, en el fons, haurien preferit que no en parlés. La consigna és: «més val no remenar-ho».

Les causes d'aquesta incomoditat a l'hora de debatre públicament la situació actual del món escolar són moltes i d'ordres molt diversos. Per exemple, hi ha de pesar el fet de la pèrdua objectiva de pes estratègic per part de l'escola en la transmissió de sabers acadèmics i de maneres de fer pràctiques. La causa és la competència que li fan altres agents socials i institucions formalment més atractives, i que s'imposen amb una gran força. Ja tindrem ocasió de parlar-ne a bastament més endavant, però és clar que l'escola ha perdut el monopoli de la transmissió dels coneixements útils per al progrés individual i social de la seva clientela i que té dificultats per saber què li queda d'específic. I perdre poder social és, sempre, causa de malestar entre els grups que es veuen relegats a ocupar llocs més endarrerits en l'escalafó social. El mestre, per bé que tampoc abans no havia vist correspost el seu estatus social amb el sou que cobrava –l'expressió «passar més gana que un mestre d'escola» n'és testimoni–, com a mínim tenia reconeguda una posició social destacada, al costat de les autoritats civils i religioses locals.

Tanmateix, l'actual pèrdua del prestigi social de l'escola és una reculada paral·lela a l'increment exponencial tant del temps que la pràctica totalitat d'individus passen a l'escola, com dels recursos públics de què disposa. També cal tenir en compte les expectatives socials que hi ha per tal que l'escola satisfaci totes les noves demandes i alleugi les tensions socials. Sembla una paradoxa, però no ho és, és clar: l'escola s'ha devaluat en la mesura que s'anava universalitzant i tothom hi tenia accés. De la mitja dotzeneta de cursos d'escolarització a què tenien dret els afortunats que anaven a escola, fa quaranta o cinquanta anys, s'ha passat a garantir un ensenyament obligatori i gratuït dels tres als setze anys per a tothom. Pràcticament el doble de temps.

I dels cinc o sis mil estudiants universitaris dels anys quaranta a Catalunya, hem passat als més de doscents mil de finals de segle. En quinze anys, de 1980 a 1994, s'ha doblat el nombre d'estudiants universitaris fins a arribar a la xifra de 3.858 matriculats per cada 100.000 habitants, superior a la francesa o la britànica, i només superada pels Estats Units i, a Europa, per Finlàndia. I pel que fa a la despesa pública en educació en tots els nivells, només en quinze anys, de 1980 a 1994, a Espanya s'ha arribat gairebé als mateixos percentatges sobre el PIB que a la mitjana de la Unió Europea, un 5 per cent, amb un increment de prop del 50 per cent sobre la despesa de 1980.

Pèrdua de prestigi però més exigències

Però al costat de la pèrdua de prestigi, no exagero gaire si recordo tot allò que se sol demanar a l'escola. L'escola ha de preparar per a la multiculturalitat; ha de contribuir a la prevenció d'epidèmies modernes com la sida; ha de ser el motor de l'educació per la pau; cal que faci de contrapès als efectes negatius dels excessos consumistes; li exigim que sigui la base de la integració lingüística del país; té la responsabilitat d'afavorir actituds actives a favor del medi ambient; hauria d'acabar de dinamitar les tradicionals discriminacions de gènere; i si pogués ser, encara que ho fes discretament, convindria que contribuís a l'emancipació nacional. I ja només faltava que se li demanés el foment dels valors militars, tal com ha proposat l'Exèrcit espanyol, ara que té problemes de clientela.

Tot això, naturalment, l'escola ho hauria de fer a més d'ensenyar matemàtiques i filosofia, física i història, informàtica i música... i de preparar els nois i noies tant per aconseguir l'èxit professional com per resistir el fracàs escolar. Mai l'escolarització havia estat tan extensa en temps i mai no s'havien demanat tantes coses a l'escola. Però mai l'escola no havia rebut tantes clatellades de totes bandes, de l'esquerra i de la dreta, per dalt i per sota. I potser mai l'escola no s'havia sentit tan maltractada.

Si fóssim justos amb l'escola del nostre país, caldria reconèixer que fins ara ha sabut encaixar prou bé totes aquestes contradiccions i tots els desafiaments d'aquestes darreres dècades. I si col·lectivament no en som prou, de justos, potser també és responsabilitat de les mateixes associacions de mestres o de les autoritats educatives de no haver-se preocupat d'explicar prou bé, per exemple, el paper destacat de l'escola en el manteniment de la cohesió social en un país amb moviments migratoris excepcionals. O d'explicar com, malgrat el marc polític autoritari de l'escola franquista, va poder preparar ciutadans prou aptes per a la democràcia. Sigui com sigui, però, l'escola ha fet la seva feina amb discreció, tot i haver de pagar el preu de la interiorització –sovint amb una gran tensió col·lectiva i molt patiment personal– del desafecte social pel seu treball.

En aquest sentit, personalment em molesta el menyspreu injust amb què de tant en tant és tractada en debats i tertúlies als mitjans de comunicació per alguns personatges públics. Qui sap si ho fan per una mena d'ajustament de comptes personal però inconscient amb l'escola que havien conegut de petits, però que ja no és l'escola actual. És significatiu que, a diferència d'altres països, aquí no sigui gens freqüent que els líders socials esmentin l'escola on havien anat a l'hora d'agrair la destacada posició social que han aconseguit.

Desconfiança mutua

Sóc de l'opinió, doncs, que és just la consciència del desafecte i de la desconfiança allò que ha generat l'actitud a la defensiva que actualment adopta l'escola. I això explica, també, en un lògic reflex reactiu, la profunda i simètrica desconfiança de l'escola envers pares, mitjans de comunicació i Administració pública. Una bona prova d'aquesta desconfiança mútua, a la vista de l'alta responsabilitat que s'exigeix a l'escola i als seus professionals, és el fet que els mestres siguin absents, de manera sistemàtica, dels fòrums públics de reflexió social, dels debats televisius i radiofònics o de les pàgines d'opinió dels diaris. I és també conseqüència d'aquest estat de coses el fet que l'escola sovint transmeti a alumnes i pares una mena de pessimisme molt superior al que es pot justificar a la vista de les condicions en què vivim. L'escola actual sovint transmet una visió negativa del món, ja sigui perquè així és viscut subjectivament per alguns mestres atrapats en un permanent malestar laboral, ja sigui perquè es vol dissimular una autoestima deteriorada, ja sigui pel desànim que provoca la dificultat d'un treball que sovint s'ha de fer sense la col·laboració de l'entorn.

Lògicament, mesurar la profunditat de les desconfiances, de les actituds defensives i del malestar en general, és una feina impossible. Ens movem en el terreny de la intuïció, en el qual la generalització és sempre injusta amb les persones concretes, i d'altra banda, són estats d'esperit que no se solen reconèixer en públic. Però, en cap cas, la gravetat de la situació no es pot despatxar només amb quatre paraules ben intencionades, suggerint com a vegades han fet alguns càrrecs de l'Administració o determinats experts en educació, que «no n'hi havia per a tant». I tampoc no és suficient amb les exemplars preses de posició volenteroses dels mestres vocacionals que conserven tota la il·lusió del primer dia. És cert que constatar el malestar en pot provocar més. Però aquesta mena de discurs *cataplasmàtic* que, per responsabilitat o per conveniència, es veu obligat a simular un optimisme ingenu, no només no fa disminuir la tensió sinó que podria anticipar una explosió, ara com ara només hipotètica, en el sistema escolar.

Penso que també seria lamentable que les dificultats, tensions i desconfiances que viu el món escolar fossin atribuïdes, equivocadament, a l'actual procés de reforma educativa. És cert que el projecte de crear el nou espai educatiu obligatori, la *secundària*, és molt complex i, inevitablement, conflictiu. I potser és cert que s'ha fet massa de pressa i corrents, i sense cap dubte, amb massa poc pressupost. Arrancar els alumnes de primària dos anys abans del que era costum per incorporar-los anticipadament a un bloc d'edat objectivament més heterogeni i complex, complica enormement l'existència als professors de secundària d'alguns centres.

Ningú no pot tancar els ulls al fet que, a causa de l'obligatorietat de la secundària, no se'n poden eliminar els individus que hi són més hostils, i això fa que alguns pares se sentin insegurs respecte dels resultats generals del canvi. Però els problemes de fons que té el món escolar són anteriors a aquesta reforma, i seria injust, i sobretot confusionari, que els canvis d'ara catalitzessin totes les tensions, les pròpies i les prèvies, per fer-li pagar els plats trencats d'un malestar preexistent mal resolt.

Tres cares de l'escola actual

Dels molts possibles fets que cal considerar i que han acabat configurant una mena de cultura escolar força generalitzada al país, m'agradaria destacar-ne tres que em sembla que han esdevingut alhora símptomes, però també causa i conseqüència, en un perfecte cercle viciós, de la situació de l'escola que abans descrivia.

Un doble llenguatge

En primer lloc, s'ha anat instituint una distància extraordinàriament gran entre una manera de parlar oficial i pública de l'escola i una manera de parlar-ne quotidiana i privada, en veu baixa, amb discreció. I no em refereixo pas a la distància entre administradors i administrats, no. Vull dir que autoritats, mestres i pares, cadascú pel seu cantó, parlen públicament de l'escola d'una manera, i que en privat, tots tres estaments, en parlen d'una altra. De fet, aquests dobles discursos són propis de totes les institucions: una cosa és com metge i malalt parlen l'un amb l'altre en la seva relació pública i institucional, al consultori, i l'altra és allò que pensen l'un de l'altre i que només comentaran en la complicitat dels que són iguals, és a dir, o entre metges o entre pacients. O bé, una cosa és que el venedor ens faci una rialla d'orella a orella quan som a la botiga, i una altra que comenti que hem estat uns ploms just quan hem acabat de sortir, especialment si no hem comprat res. Però en el cas de la medicina, o de les relacions comercials, ningú no espera que les coses siguin d'una altra manera, ningú no demana que la sinceritat i la franquesa siguin condició d'una bona venda o d'un bon tractament mèdic. La formalitat és vista per totes dues parts com el conjunt d'unes convencions necessàries per al bon funcionament de les institucions corresponents, i prou.

En canvi, a l'escola, la distància afecta el nucli mateix de la confiança entre les parts. I l'afecta perquè la distància entre els discursos en públic i en privat anuncia un gran desacord en els objectius educatius d'uns i altres. Els comentaris del mestre a la sala de professors després d'acomiadar uns pares d'una tutoria, poden no tenir gran cosa a veure amb el to de l'intercanvi que hi ha mantingut uns minuts abans. I escoltar uns pares al forn de la cantonada abans de començar el curs fent valoracions sobre quin mestre els pot tocar als fills, pot arribar a ser molt desagradable. I aquí, el desacord és greu sobretot si tenim en compte que, per anar bé, haurien de compartir uns objectius educatius semblants i que a l'escola la confiança és un ingredient fonamental per a l'èxit de tot el procés.

El progressisme ingenu

En segon lloc, podríem parlar de l'imperi, a la cultura escolar, d'una mirada equívocament progressista del món, que actua com a discurs *políticament correcte* i que censura allò que no es pot ni pensar i imposa allò que cal dir. També és cert que tinc la impressió que aquesta perspectiva que és hegemònica des de fa un parell o tres de dècades, sobretot en l'ensenyament públic però també en el privat de tarannà més avançat, darrerament ha començat a mostrar signes d'esgotament. Penso que a la mirada progressista ja li passa com a totes les ideologies oficials: quan arriben al final, encara es proclamen, però ja no s'hi creu gaire. Per dir-ho molt sintèticament, aquest progressisme s'ha fonamentat en una mirada rousseauniana sobre el món de la infància, que fa dels nens uns éssers innocents que l'escola ha de protegir de la perversió d'una societat culpable i infeliç. Si, del nen, se'n potencien l'espontaneïtat, la sinceritat, la creativitat i l'autenticitat, es diu, el farem més resistent davant el món. I aquest és, des del meu punt de vista, un progressisme terriblement conservador.

El resultat de l'experiència de l'aplicació d'aquest progressisme escolar, tanmateix, ha estat en molt bona part el contrari del previst. Els elogis que s'han fet de l'espontaneïtat, la sinceritat, la creativitat o l'autenticitat, han emmascarat durant molt de temps les catàstrofes que porten afegides aquestes supersticions morals. Tots aquests *valors* tan estimats en el món escolar de les darreres dècades, han dissimulat la seva condició buida: l'espontaneïtat, la sinceritat, la creativitat o l'autenticitat només tenen sentit si hi ha alguna cosa prèvia realment valuosa que es pugui manifestar d'aquesta manera. Ras i curt: és que l'estupidesa, si és espontània, sincera, creativa i autèntica, millora en res la seva condició? Ara, el mestre comprova que, sigui quina sigui la *naturalesa* dels nens, si més no a l'escola, ja hi arriben amb una *espontaneïtat* i *autenticitat* afaiçonades directament pel món i que ho són tot menys innocents. Per la seva banda, hi ha pares que s'agafen al supòsit de l'espontaneïtat i l'autenticitat per emmascarar el seu fracàs rotund com a educadors i el seu fracàs fins i tot com a simples domadors d'unes criatures que se solen comportar com bestioles.

A més, aquesta ideologia progressista que ha estat hegemònica en el món educatiu dels darrers anys crec que, sense voler-ho, també ha afavorit un cert tipus de polítiques educatives que han tingut conseqüències conservadores no desitjades. Penso en determinades polítiques igualitaristes molt forçades d'integració a l'aula de nens i nenes amb deficiències. Però també en com s'ha ignorat el fet que nens i nenes de contextos socials i familiars absolutament distints i, per tant, amb estímuls absolutament divergents, no poden ser tractats amb els mateixos instruments pedagògics. Quan determinades escoles privades amb clientela de classe mitjana s'han incorporat al sistema públic, amb canvis substancials en l'origen dels alumnes, la tensió del canvi de model ha estat molt dura. I sovint s'ha tardat a acceptar els condicionaments de la nova realitat, si és que mai s'han acabat d'acceptar.

La darrera solució que s'ha donat a les dificultats igualitaristes, ara també a molts centres públics de secundària, consisteix a dividir els nois i noies entre aules de bons alumnes i aules de fracassats en potència, i això redescobreix un procediment que ja havia estat vigent fa una bona colla de dècades. En el fons, això representa el reconeixement del fracàs del model. S'ha demostrat que determinades teories pedagògiques no podien tenir una aplicació universal. El problema fonamental, doncs, és el de si una interpretació desajustada de la realitat, com és la d'aquesta concepció rousseauniana, més que no pas ajudar-nos a dominar-la, converteix la nostra acció en inútil. I, a vegades, sembla que, d'això, n'hi ha hagut molt al món escolar, on la realitat quotidiana que s'experimenta és infinitament més dura del que descrivien les utopies pedagògiques que devien desvetllar les vocacions docents a la dècada dels seixanta.

Massa teories

En tercer lloc, i molt relacionada amb la situació anterior, crec que l'escola viu el problema del predomini d'un discurs teòric que s'imposa per damunt de l'experiència quotidiana del mestre. No faré pas ara una defensa ingènua de l'experiència quotidiana a seques, perquè tampoc no és possible tenir una experiència de res sense unes categories de pensament prèvies que l'orientin i la interpretin. Una manera de fer escolar guiada només per una experiència prèvia i un suposat sentit comú general, seria tan cega com una acció només guiada per idees prefabricades en un laboratori universitari o en una escola aïllada del món corrent. Però, sigui com sigui, crec que molts mestres intenten de bona fe reinterpretar allò que passa a l'aula tenint en compte els preceptes pedagògics dominants, i que no se n'acaben de sortir. El món de l'escola, com tants altres que arrosseguen estols d'experts que parlen d'allò de què professionalment han fugit, pateix una sobreideologització. O potser ni això: només un excés de retòrica, que és el que impedeix tenir una visió clara del que hi passa.

En alguns contextos escolars, crec que s'ha abusat dels cursets, les conferències i els seminaris dirigits per experts, amb conseqüències confusionàries. En contrapartida, s'ha abandonat la lectura personal reflexiva i crítica, i sovint s'ha menystingut el valor crític de la pròpia experiència. Ni tinc prou informació per arribar a conclusions precises, ni es pot generalitzar en un món on hi ha de tot, però una hipotètica revolta dels mestres contra aquest abús de la sobreideologització de l'escola hauria de passar pel desemmascarament de l'excés de poder de la pedagogia acadèmica i per retornar cadascú al seu lloc. Mai no he acabat d'entendre, per exemple, que la presidència del Consell Escolar de Catalunya hagi de ser sempre a mans d'un pedagog i no pas d'un mestre amb una experiència llarga i una capacitat docent provada, almenys, davant d'unes quantes generacions de nois i noies.

Repensem l'escola

Ja he dit que no es pot repensar l'escola des de zero, però sí que potser caldria atrevir-se a abandonar alguns vells debats en els quals s'ha encallat la reflexió escolar i obrir uns nous fronts que plantegin més obertament, i sobretot més directament, els problemes més pràctics i immediats que ha d'encarar l'escola d'ara. I sobretot, caldria trobar una manera de parlar-ne que, sense ser-ne experts, els ciutadans hi poguéssim participar. Com en el cas de la política, sovint el desinterès no és resultat de la irresponsabilitat general del ciutadà, sinó de la inintel·ligibilitat d'allò que es posa damunt la taula i que, si bé es reclama que tothom hi digui la seva, es formula en uns termes que són clarament dissuasius per a la majoria. O no és aquesta, en bona part, la causa de l'escassa participació dels pares a les eleccions als consells escolars?

Desfer malentesos

Les possibles aproximacions a la resolució dels problemes actuals de l'escola són molt diverses, però jo en proposaria quatre o cinc de principals. En primer lloc, caldria tractar sense embuts tots aquells malentesos que neixen de no voler reconèixer que l'escola, a més de les seves nobles funcions educatives, també resol alguns problemes pràctics de la vida quotidiana actual. Per exemple, i per posar-ne un de bàsic, caldria acceptar que l'escola és, també, un pàrquing necessari de criatures per a parelles que treballen. I de la no-acceptació positiva i modesta d'aquest paper de servei –que des d'un punt de vista professional pot ser secundari però que des del punt de vista de l'organització de la vida quotidiana és fonamental– en resulten no només tensions, sinó que el servei es faci malament.

Particularment, aquest conflicte de funcions és present en la mala resolució dels actuals horaris escolars, tant des del punt de vista del mestre com de l'alumne i dels pares. El debat és viciat d'entrada, i ni els pares volen entendre que els criteris pedagògics topen amb les seves necessitats laborals, ni els mestres es volen fer càrrec que l'escola potser hauria de donar serveis diferenciats per complir el seu paper i alhora atendre les legítimes i raonables necessitats dels pares.

Però també forma part dels malentesos entre les funcions de l'escola la qüestió de la racionalització dels usos de les instal·lacions escolars. Per què no es podria concentrar la docència als matins, amb efectes beneficiosos sobre l'estrès del professorat? Per què es mantenen inhàbils aquests migdies tan llargs que encareixen enormement els serveis de menjador? Per què les instal·lacions escolars no poden servir per a les activitats dites extraescolars? Al capdavall, el caràcter extraescolar no els el dóna pas la seva inadequació a l'escola, sinó el fet que es facin a fora, sovint –i per desgràcia– per completar allò que l'escola fa a mitges, com ara estudiar anglès, música, fer esport, teatre o informàtica.

Ja sé que és una opinió molt particular i discutible, però trobo que seria tan raonable que l'activitat estrictament acadèmica acabés a migdia, com que les tardes, sota la gestió de les associacions de pares i mares, amb la supervisió dels equips docents i el suport de l'administració, fossin omplertes amb ofertes que rendibilitzarien els usos d'alguns serveis escolars com la biblioteca, que completarien la formació escolar segons interessos individuals i que resoldrien la legítima necessitat d'estacionament dels fills mentre els pares treballen. Allò que en aquest cas impedeix que l'escola trobi una solució que seria satisfactòria per a tothom i que estalviaria haver de caure a mans de centres que exploten abusivament aquestes necessitats familiars, és el mateix que impedeix tantes altres formes d'adaptació positiva a les noves demandes del món actual.

En segon lloc, i amb referència al futur professional dels alumnes, també caldria agafar el toro per les banyes i ser molt més clars per evitar falses expectatives. L'ambigüitat actual, en què d'una banda es parla de la formació integral que ha de proporcionar l'escola i, de l'altra, es té l'obsessió que el fill o la filla acabin essent uns professionals d'èxit, caldria encarar-la, sense por, d'una vegada per totes. S'hauria de poder dir, per exemple, que tal com n'és de divers i canviant el món del treball, avui dia l'escola ja no pot orientar professionalment els nois i noies en una direcció concreta. S'hauria de poder dir que un mediocre escolar pot ser un professional d'èxit, fins i tot en el camp científic, i viceversa: la llista de casos coneguts que ho provaria és inacabable. Seria convenient revisar els lligams entre l'escola i la formació estrictament professional, en el sentit que aquesta darrera estigués més a mans dels gremis professionals i del Departament de Treball que no pas del d'Ensenyament.

Potser caldria observar, també, que no tots els futurs professionals necessiten ser entrenats en la mateixa mena de qualitats i aptituds laborals. Més que no pas una formació orientada directament a la professionalització, el que caldria és que l'escola afavorís una cultura del treball adequada als nous temps. Caldria que desvetllés les qualitats que es reclamen les noves formes de treball i preparés els nois i noies per ser oberts a interessos molt amples. Ara ja no es pot preguntar allò de «què vols *ser* quan siguis gran?» perquè no sabem que es podrà ser quan ho siguin. I caldria formar-los per tal que puguin reaccionar de manera emocionalment madura en un món laboral que ja no té res a veure amb aquell altre en el qual la disciplina, la fidelitat al patró i les bones formes eren suficients per tirar endavant.

Però tampoc no s'ha d'oblidar que hi ha molts camps professionals que es veuen deserts de candidats just per aquesta mena d'expectatives que sobre el treball es difonen des de les elits professionals superiors, que imposen els seus estils de vida a través dels mitjans de comunicació. En concret: no es pot afavorir, ingènuament, només la cultura de treball pròpia de les minories dirigents, dels alts executius, perquè la majoria haurà de treballar en camps que demanen unes altres maneres de fer, si es vol més tradicionals.

Atendre la igualtat i la diversitat

En tercer lloc, crec que l'escola hauria de poder discutir la qüestió de la diversitat i la igualtat sense la pressió de la correcció política i sense la ingenuïtat d'uns a priori ideològics sense fonament empíric. No és aquest el lloc d'encetar un debat que tindria un gran abast polític. Però d'una manera o altra, cal revisar el projecte igualitarista de l'escola. Perquè, el que no pot ser és que per un plantejament ingenu que sobredimensioni les possibilitats de l'educació escolar com a instrument per a la igualtat social, espatllem el prestigi de l'escola –especialment de la pública– com a instrument de culturització i emancipació individual i el cedim en exclusiva –i sovint, irònicament, de manera només aparent– a unes escoles d'elit.

Sempre cal estar atents a les conseqüències no volgudes de l'acció social, especialment quan entre les conseqüències hi ha la d'afavorir just el contrari del que hom s'ha proposat. I s'ha de poder dir que, si més no en algunes ocasions, l'escola, en haver incorporat la totalitat de la població en edat escolar al sistema educatiu, ha ofert a una part de la seva clientela llistons culturals més baixos que els familiars d'origen. I això acompanyat del fet que l'escola també ha incorporat als seus claustres uns professionals amb uns orígens i unes expectatives culturals força limitades, per dir-ho el més suaument que se m'acut. La insatisfacció que causen els resultats d'aquestes noves situacions són imaginables.

De la mateixa manera, també s'ha de poder dir que la famosa pedagogia activa, en bona part, ha fracassat quan s'ha hagut d'aplicar a una clientela diferent de la que es tenia al cap, quan ja no era aquella classe mitjana alta i culta que proporcionava alumnes que partien d'una exemplaritat familiar convergent amb els ideals d'aquesta manera d'ensenyar. La diversitat, a l'escola, no és només aquest valor positiu que se sol defensar en abstracte, sinó que també és un dels principals obstacles amb què s'enfronta de cara a aconseguir una acció eficaç. La qüestió més complicada de totes és discernir fins a quin punt es poden defensar determinats tipus de diversitat, sense estar afavorint, sense voler, la desigualtat social que generalment hi va associada.

En qualsevol cas, l'escola hauria de ser menys permeable a les modes i a les propagandes ideològiques que apel·len a l'educació de valors abstractes. L'escola s'ha de poder justificar, principalment, per allò que li és específic, permanent, pels objectius a llarg termini. I les idees de moda les ha de veure passar amb mirada crítica. No pot ser, o no hauria de ser, que l'escola acabi sent la mediadora de tots els programes de propaganda ideològica a favor ara de la cultura de la pau, ara de l'any de la tolerància, ara de la lluita contra el racisme, ara a favor de la multiculturalitat... Si realment es confiés més en l'escola, ja s'hi comptaria que la intel·ligència, la cultura, la reflexivitat, però sobretot, la lectura i la literatura, la història i la geografia, el càlcul i la lògica o el pensament racional de la ciència i el descobriment de l'art ja són instruments a favor de tots aquests principis!

Des del meu punt de vista, no haurien de ser necessàries aquestes intervencions específiques, perquè en la mesura que s'escolaritzen –posem per cas, que la tolerància o l'educació per a la pau es converteixen en un crèdit variable a secundària–

segur que acaben perdent la seva força educativa. I, encara pitjor, quan l'educació en determinats valors es converteix en assignatura, llavors pot acabar sent vista pels alumnes com una activitat independent de la de la transmissió dels continguts que són propis de l'escola. Això provoca una divisió que no és bona ni pels continguts propis, ni pels sobrevinguts que els acaba fent semblar més inútils, com si es tractés d'aquelles velles assignatures que anomenàvem *les tres maries*: la religió, la gimnàstica i la *formación del espíritu nacional,* a més del *hogar* per a les noies.

L'escola i els mitjans de comunicació de massa

En quart lloc, l'escola hauria de revisar, sense fer catastrofisme, la seva relació amb els mitjans de comunicació i reconsiderar el paper de la competència mediàtica amb la que ha de conviure. Potser caldria començar per desdramatitzar el paper suposadament negatiu dels mitjans de comunicació de massa, especialment la televisió, que per a molts professionals de l'ensenyament és la veritable bèstia negra de l'educació. Però, sobretot, caldria que no s'hi volgués competir, amb els mitjans. L'escola ha de seguir sent l'espai privilegiat de la paraula dita, escrita i llegida. No dic que *només* sigui això: dic que ho sigui principalment.

El del llenguatge oral i escrit és un espai que, en el fons, només competeix amb el del llenguatge audiovisual pel temps que s'hi dedica, però no pas en valor intrínsec, en capacitat de comunicació o en potència social. Mai no serà cert que *qualsevol* imatge valgui més que mil paraules i, per tant, que una imatge sigui més *rendible* des del punt de vista comunicatiu. No: el cert és que una imatge només té valor si som capaços de descobrir-hi mil paraules o més. I, per tant, el món audiovisual –la televisió, però també el cinema, o les arts plàstiques, per exemple– no es menja el món de la paraula escrita, sinó que recíprocament es tradueixen, es provoquen, s'interpreten, s'interpel·len i, en definitiva, s'enriqueixen.

És des d'aquesta perspectiva, en positiu i no des de les visions apocalíptiques, que l'escola pot conviure amablement amb aquesta competència. Cal, certament, conèixer els punts de vista més crítics que s'han fet famosos entre els teòrics de la comunicació, com ara el del nord-americà Neil Postman, autor del magnífic llibre *Divertim-nos fins a morir* –amb el qual, però, no estic gens d'acord– o el de l'italià Giovanni Sartori, autor del pamflet *Homo videns*. Però els contextos socials i polítics d'aquests autors no són els mateixos, i les seves tesis són discutibles, com ja ho han fet altres autors com per exemple Jon Katz en un brillant treball referit a la televisió i titulat, provocadorament, *Virtuous reality*. La competència entre escola i mitjans de comunicació audiovisuals, ho torno a dir, només hi hauria de ser en la mesura que, efectivament, s'han de repartir el temps disponible que és inevitablement limitat.

Les emocions a l'escola

En darrer lloc, però de manera destacada, crec que és urgent que l'escola repensi els models de sentimentalitat que transmet. El progrés social, econòmic i tecnològic no ha estat seguit d'un creixement paral·lel en les aptituds emocionals dels qui en són actors, beneficiaris o víctimes, o totes tres coses alhora. Les estratègies emocionals per a les quals hem estat ensinistrats familiarment i escolarment i que reproduïm i transmetem a les noves generacions, corresponen a unes formes de relació i de dependència social superades.

Pot sobreviure una escola que recorri al sentiment de culpa per disciplinar l'alumnat si, per dirho breu, allò que avui dia fa anar dret el món –i especialment el dels joves– és el sentit del ridícul orientat per la publicitat? I què en farem d'una autoritat paterna sense autoestima, o d'una obediència filial que sovint no té altre referent moral que el xantatge afectiu? Naturalment, no estic proposant una nova matèria escolar que es digui *Educació emocional*: dic que l'escola ha de revisar la seva pròpia cultura emocional i entrenar-se per orientar-la de manera diferent a com ho ha fet fins ara. Si l'escola fracassa en l'establiment dels lligams emocionals de relació i dependència entre els diversos actors socials que hi intervenen –mestres, pares i alumnes–, podria ser que haguéssim d'acabar posant vigilants de seguretat als passadissos, com passa als Estats Units.

Algunes línies d'actuació

Cadascuna de les qüestions de què he parlat demana formes d'actuació diverses. Per exemple: reordenar els horaris escolars i les activitats complementàries per tal de fer compatibles els interessos acadèmics de mestres i alumnes, i els interessos legítims d'uns pares que treballen, exigeix un projecte acordat amb els sindicats i l'administració. En altres ocasions, només el convenciment personal de cadascun dels agents implicats en l'educació pot afavorir la transformació que convé, en la mesura que més que no pas de canvis d'organització, parlem de canvis de mentalitat. En tots els casos, però, penso que caldria actuar en les quatre línies que tot seguit proposo.

Despolititzar els debats

Primerament, caldria despolititzar una bona part dels debats escolars, especialment quan la discussió ideològica serveix per emmascarar interessos corporatius o gremials, comoditats familiars o privilegis burocràtics, limitacions pressupostàries o interessos econòmics privats. Certament, els interessos de què parlem tenen connotacions i derives polítiques i ideològiques, però s'han de descrostonar de la falsa retòrica pedagògica per poder-los encarar amb eficàcia.

Un dels molts exemples d'aquest emmascarament ideològic, el trobem en el debat sobre l'ensenyament de la religió. És notori que amb pretextos pedagògics, morals i polítics –com ara suposats drets constitucionals– l'Església defensa els seus interessos corporatius i els d'un col·lectiu de professors als quals no podia assegurar la continuïtat de la feina. La jerarquia eclesiàstica, en contra de l'opinió de la majoria de creients, s'ha dedicat a crear confusió entre allò que és la cultura religiosa, la catequesi o l'ètica, i sobre la seva necessitat i obligatorietat.

Ara, quan els nous fluxos d'immigració porten l'exigència de respectar diversitats més complexes, ja es comença a plantejar la necessitat de respectar la igualtat amb altres religions, com ara la musulmana. M'agradarà veure com hi reaccionaran tant la jerarquia catòlica, com els polítics i els mateixos professors de religió catòlica. Es veurà clar de fer catequesi musulmana a l'escola pública, i de saber qui decidirà qui l'ha de fer?

Credibilitat social

Segonament, crec que s'hauria de plantejar de manera molt seriosa la qüestió del prestigi de l'escola. O si es vol dir d'una altra manera, el de la seva credibilitat social, que des del meu punt de vista no va només –ni principalment– lligada a la seva eficàcia sinó a la seva presència social. No estic parlant, és clar, de fer campanyes de màrqueting, com ja és el costum d'alguns centres privats de tanta reputació com de dubtosa qualitat. El que afirmo és que o s'aconsegueix que el món escolar tingui una veu social pròpia –no única, és clar– i una veu diferenciada, oportuna i lúcida en els altaveus habituals de la nostra societat, o l'escola no sortirà de la zona opaca en què es troba.

Cal que als mitjans de comunicació, el parer dels mestres i professors sigui tingut en compte. Cal poder llegir preses de posició, des del món escolar, davant els grans problemes que ens afecten, especialment si tenen algun lligam amb l'educació. Cal que els mestres siguin presents a les tertúlies radiofòniques i als debats televisius. Cal que un ciutadà culturalment inquiet i cívicament responsable sigui capaç de conèixer el nom, al costat dels d'escriptors, músics, polítics o científics, de –com a mínim– cinc mestres vius amb opinió pròpia, dels quals, almenys d'un, n'hagi llegit un llibre sobre educació. Ens calen mestres capaços d'escriure *best-sellers* que encetin grans debats sobre l'escola i l'educació en aquest nou mil·lenni.

Més suport real

Crec que, en tercer lloc, l'escola necessita més suports objectius de tota la societat. No s'hi val a demanar de tot i a no posar-hi res. I suport real vol dir més pressupostos públics, d'una banda, però també exigència de responsabilitats als pares i a l'entorn social de l'escola –món associatiu, empresarial, comercial o financer, etc.–, de l'altra. Potser sí que una escola vinculada a l'Administració municipal seria un bon camí per aproximar-la al ciutadà i, sobretot, per augmentar-ne la diversitat i l'adaptació a l'entorn. Però, al costat de la presència als mitjans de comunicació, el món de l'escola hauria de ser reclamat a comissions municipals d'ordenació urbanística, i hauria de ser festejat electoralment, i hauria d'encapçalar mobilitzacions de tipus reivindicatiu o hauria de ser als jurats dels premis literaris i cívics, a les juntes dels centres excursionistes i als consells d'administració de les caixes d'estalvis.

Un espai propi

Finalment, sóc del parer que l'escola no es refarà del seu desconcert si no hi ha una redefinició dels límits raonables de la seva acció educativa. Mentre l'escola hagi de fer de tot i, per tant, es vegi obligada a competir amb tothom –pares, mitjans de comunicació, cultura popular de massa, empreses, ONG, etc.–, la seva imatge serà confusa. Mentre que tot el que fa l'escola sigui vist com a matèria no exclusiva, com si en res no fos l'autoritat primera, i per tant hagi d'estar exposada sense defensa a la intervenció de tothom, el seu futur seguirà sent tèrbol.

L'escola hauria de poder precisar allò que li és propi, les zones de col·laboració amb l'exterior, i sobretot, allò que li és extern. Cal precisar què és el que pot fer l'escola –i que hauria de fer-ho en exclusiva– i potser encara més, què no ha de fer l'escola, encara que pogués i sabés fer-ho. En definitiva, potser sí que caldria trobar per a l'escola un lloc més modest en amplària que el que fins ara se li atorga de manera confusa. Però, sense cap reserva, aquest territori més limitat alhora hauria d'ocupar un espai molt més ambiciós pel que fa a la seva centralitat social.

2
Fer d'alumne, les dificultats d'un ofici

Quan pensem en els nois i les noies com a alumnes, adoptem el punt de vista dels pares o dels professors. I quan parlem dels problemes actuals de la relació entre alumnes i professors, sobretot fem referència als problemes que tenim els adults en relació amb els comportaments dels alumnes. És una posició raonable, és clar, perquè és la que realment ocupem. Ara bé, en aquesta ocasió m'agradaria proposar, ni que fos per una vegada, que intentéssim posar-nos dins la pell d'aquests nois i noies que cada dia omplen les aules de les nostres escoles.

M'agradaria que féssim aquest petit –però excepcional– esforç per tal de poder analitzar les dificultats que comporta això de fer d'alumne, no pas a nosaltres mateixos, sinó a ells. És a dir, que fóssim capaços de pensar en els problemes dels alumnes en relació amb el nostre comportament d'adults. No hem de perdre de vista que ara que es canvia tan sovint de feina, per a la majoria d'aquests nois i noies, l'ocupació que més els haurà durat a la seva vida és la d'alumne. És a la que hauran dedicat més temps i la que els haurà mantingut més anys a la mateixa «empresa». Així doncs, potser val la pena que considerem quines són les dificultats que avui dia té fer d'alumne, no pas per als professors o per als pares, sinó per al mateix alumne.

Comprendre, és a dir, posar-se a la pell de l'altre

Abans d'entrar en matèria, però, voldria justificar per què té sentit que ens haguem de posar a la pell de l'alumne. I ho faré anant a donar una volta llarga, posant l'exemple d'una paradoxa ben coneguda. Se sol dir que vivim en la societat de la comunicació. La gran novetat del segle vint ha estat, efectivament, la de l'arribada dels mitjans de comunicació de massa, del telèfon i la televisió. I, a més, aquestes novetats han tingut desenvolupaments posteriors molt accelerats que han anat sofisticant els primers aparells fins a arribar als telèfons mòbils i la televisió per satèl·lit o per cable de fibra òptica, que ens connecten molt fàcilment amb tot el món.

Alhora, és habitual sentir dir que el gran problema de la nostra societat és la incomunicació. La societat de massa ha esmicolat en mil bocins els codis simples i homogenis de comunicació cultural propis de societats més tancades, més estables i menys complexes. I això comporta que ara tinguem problemes per entendre'ns no només amb aquells veïns de casa que provenen d'una cultura molt diferent de la nostra, sinó amb els nostres propis fills, els gustos culturals i els estils de vida dels quals a vegades també ens són forasters.

L'aparent contradicció que representa gaudir d'una societat de la comunicació i, en canvi, tenir problemes d'incomunicació, es pot explicar de moltes maneres. Una, és adonar-nos del fet que si hi ha molta comunicació, molts intercanvis de missatges, també és lògic esperar que es produeixi molt més *soroll*. És a dir, que hi hagi moltes confusions. De coses, en sentim a dir tantes, i tan contradictòries, que és difícil que puguem distingir clarament entre el relat d'un fet, la interpretació d'una realitat o l'opinió d'un expert. Els mateixos mitjans de comunicació, cada vegada més, contribueixen a barrejar-ho tot. Vist així, la incomunicació és el resultat d'aquest excés de circulació d'informacions i de missatges, molt heterogenis i, sobretot, rebuts i empassats molt ràpidament.

Una altra manera d'explicar l'aparent contradicció d'una societat de la comunicació amb problemes d'incomunicació, i que m'interessa comentar molt especialment, és observar que les ganes que tots tenim de tenir-hi veu, o si més no, alguna mena de veu, van acompanyades de la pèrdua de la capacitat d'escoltar. El problema és que, si bé n'hi ha que parlen molt, sembla que ningú no té ni el temps ni l'estat d'esperit adequat per escoltar tot el que sent. És possible que escoltar poc, en una societat que ens ofega amb missatges intranscendents, sigui una manera de defensar-nos-en. Però, una altra vegada, el difícil és el discerniment que hauria de permetre distingir entre allò que és irrellevant i allò que té interès. En moltes converses quotidianes, ens adonem que davant nostre no hi ha orelles, sinó parets. O que, al contrari, no hem escoltat res de res del que ens acaben de dir.

Les relacions de poder

És clar que, a més, hauríem de considerar les relacions de poder pròpies de tot intercanvi comunicatiu, perquè la societat de la comunicació també crea les seves pròpies formes de desigualtat, que, malauradament, solen afegir-se a les de sempre. Aparentment, tothom comunica el que vol i tantes vegades com vol. Ingènuament, tots ens sentim protagonistes de la nostra història, i no estem gaire disposats a admetre que, a la nostra pròpia història, hi fem d'actors secundaris. Però sóc del parer que tot plegat pretén simular una societat més oberta que no és. I crec que només algunes veus, poques, són les que es poden fer sentir realment. Avui dia, una de les principals cares fosques de l'autoritarisme és la imposició de poques veus que es fan sentir fins i tot quan no se les vol escoltar. Pensem, per exemple, en la publicitat: com és que totes les cadenes de televisió es poden saltar, amb tota impunitat, les normatives europees que en limiten la durada a les seves emissions? O bé, som prou conscients que hi ha fets i opinions que, amb independència de la seva importància objectiva, tenen ben poques probabilitats d'aparèixer mai als diaris, ràdios o televisions?

Però, en definitiva, la incomunicació neix de la incapacitat d'adoptar la perspectiva del nostre interlocutor. Ja sigui perquè el soroll no ens deixa sentir la veu de l'altre, ja sigui perquè només parlem i no escoltem, ja sigui perquè altres veus més poderoses s'interposen en la nostra comunicació, el cas és que els problemes de comunicació són, sobretot, problemes de comprensió. I és que la comunicació és molt més que no pas un simple intercanvi d'informació. Comunicar bé implica la capacitat de comprendre, és a dir, d'abandonar parcialment el nostre propi punt de vista i saber-nos posar a la pell de l'altre. I és també aquesta comprensió l'habilitat que ens permet passar de limitar-nos a interpretar i respondre missatges, a ser capaços de dialogar amb els que ocupen posicions diferents de les nostres.

En el cas de les relacions escolars que ara ens ocupa, podem observar que si la relació entre mestre i alumne és difícil, no és pas per la falta de contacte i relació. A l'escola de la comunicació hi ha problemes d'incomunicació. I també el problema de la seva comunicació no és la manca d'intercanvi –mai com ara no s'havia parlat tant a classe– sinó la manca de comprensió. El noi i la noia són poc capaços de posar-se al lloc del professor, i el professor, generalment, de posar-se al lloc del noi i la noia. Una bona comprensió entre mestres i alumnes, en aquest sentit, no demanaria pas més interrelació ni més franquesa, que, en contra del que se suposa, no sempre ajuda a una bona comunicació. La franquesa fins i tot pot arribar a ser un gran obstacle comunicatiu, perquè dóna llicència per saltar-se les regles i les formalitats que exigeix un bon intercanvi. La franquesa, en general, pot ser més una font de malentesos –això sí, en un marc de molt *bon rotllo* que sol acabar-se com el rosari de l'aurora– que no pas de diàleg productiu. Perquè el diàleg, com tota negociació seriosa, exigeix tensió, transparència i acceptació de la desigualtat de les relacions de poder i reconeixement de l'existència del conflicte. Quan l'esforç de diàleg entre alumnes i professors –així com entre pares i fills– es fa dissimulant amb condescendència la desigualtat de poder, o sense reconèixer la responsabilitat desigual d'un i altre interlocutor, el fracàs és l'únic final previsible.

Ara bé, quan som capaços de posar-nos a la pell de l'altre, de comprendre les seves circumstàncies, també és possible que caiguem en la temptació de justificar-lo. Crec que, amb consciència o no, aquest és el motiu que molts tenen per témer la comprensió, i estic convençut que és aquest temor allò que explica que molts professors renunciïn a voler-se posar dins la pell dels seus alumnes i molts pares a la dels propis fills. És cert que la comprensió fa difícil el judici, així com el judici moral posa obstacles a la comprensió, de manera que molts prefereixen jutjar implacablement els altres, no fos cas que haguessin de revisar les seves conviccions, més que no pas haver de mantenir la doble perspectiva de la comprensió –feta des de dins– i la del judici –feta des de fora.

I, viceversa, hi ha adults que prefereixen adoptar una perspectiva que parteixi de la comprensió i que els estalviï fer cap judici moral, per confondre-la amb una mera justificació condescendent. Aquest salt del comprendre al justificar, però, tampoc no sol tenir bons resultats pràctics. Quan la comprensió de l'altre porta a la justificació, és que s'ha caigut en el relativisme moral. Llavors, la comprensió es torna una mica perdonavides, condescendent. I no hauria de ser aquest el propòsit de la comprensió. Perquè, coneguts els condicionaments que expliquen el comportament dels altres, no cal que renunciem a la nostra capacitat de judici sobre aquells comportaments, per molt que sapiguem fins a quin punt la immoralitat de la conducta no neix només d'una voluntat malèvola, sinó també d'unes determinacions socials elles mateixes indecents.

El judici moral

De fet, la millor posició seria ser capaços de fer l'exercici de comprensió sense haver de renunciar al judici moral, malgrat la tensió intel·lectual i ètica que es pugui crear. Segons el meu parer, es tracta de dos exercicis indispensables per mantenir una bona capacitat crítica i alhora la lucidesa intel·lectual. Posem-ne un cas: *comprendre* les causes de la indolència d'un alumne no significa justificar-lo a ell ni justificar la conducta en general, sinó ser capaços d'analitzar la situació més enllà del nostre punt de vista implicat directament en aquesta actitud. Per tant, no és que haguem d'acabar acceptant com a bona la conducta poc col·laboradora de l'alumne només perquè n'hem *comprès* les causes, sinó que a l'hora de combatre-la, si segons el nostre judici és una actitud inacceptable, més enllà de les pressions morals per culpabilitzar el mateix alumne, ara sabrem com cal actuar amb encert.

En definitiva, em proposo desenvolupar un exercici que permeti comprendre les bases de les dificultats actuals en l'exercici de l'ofici d'alumne. L'anàlisi dels oficis de pare i de mestre ja han estat fets, amb encert, per molts altres llibres. I el meu treball és orientat per un doble objectiu: desdramatitzar el conflicte a base de fer-lo més transparent, i ajudar a posar el remei allà on hi ha la causa i no pas allà on es manifesta el problema. D'una manera particular, penso que la comprensió, en aquest cas, ha de permetre superar aquella idea esquemàtica, però tan habitual, de l'alumne vist com un individu del qual hem de vèncer la resistència que oposa a la nostra acció educativa.

És a causa d'aquesta perspectiva tan simple, la de la necessària *domesticació* de l'alumne, que sovint acabem discutint sobre si cal retornar a uns estils educatius més autoritaris o si cal excel·lir en les filigranes de la seducció de l'esperit de l'alumne. I crec que és aquesta preponderència de la idea de la *domesticació* de l'alumne la que a vegades fa que l'escola només sàpiga integrar positivament l'alumne dòcil, que, amb la seva actitud, ajuda a dissoldre la rebel·lió dels altres. La pregunta és: un alumne que es resisteix a ser domesticat per les normes escolars, és per definició un mal alumne? La rebel·lió, no pot ser també una forma de participació activa, més incòmoda, és clar, però no menys legítima? On són els límits entre resistència i indolència, entre participació i docilitat?

Seducció o autoritat

I encara un apunt final: la dicotomia que es planteja, en l'educació, entre recórrer a imposicions autoritàries o a estratègies de seducció, em sembla una falsa alternativa. De fet, la seducció pot arribar a ser una forma de pressió tant o més autoritària que l'autoritarisme a cara descoberta, però amb una pega afegida: que dissimula la coacció i fa de la condescendència la base d'una relació jeràrquica de dalt a baix. I la condescendència emmascara el fonament de la desigualtat entre mestre i alumne, de manera que ningú no sap quin és el lloc que ocupa exactament ni quin paper se li demana que faci.

L'estratègia de la seducció pot ser perillosa no tan sols perquè es pot escapar de les mans del mestre amb molta facilitat, sinó per allò que pot tenir d'engany. No crec que sigui bona una seducció que emmascari l'autoritat i la font de legitimitat del poder per exercir-la, ni és bo un autoritarisme que només confiï en la força de la relació desigual que permet imposar normes sense haver-ne de donar raó. L'autoritat del professor ha de ser transparent i capaç, a través del diàleg i la negociació, d'implicar l'alumne en la mateixa responsabilitat educativa.

En definitiva, amb aquesta reflexió sobre l'ofici d'alumne, m'agradaria acostar-me a l'anàlisi del paper d'alumne, a observar com s'aprèn a fer d'alumne en la nostra societat, a considerar què és allò que nosaltres esperem, o que l'escola espera, que faci i sigui un bon alumne. Perquè, estem segurs que a la nostra escola tothom està d'acord en què consisteix fer bé el paper d'alumne? I no podria ser que, en bona part, la dificultat de fer bé l'ofici d'alumne es trobés en la confusió d'instruccions que reben els nois i les noies? Parlar de les dificultats de l'ofici d'alumne és adonar-se que fer d'alumne vol dir representar un determinat paper en la vida social. Un paper que prèviament s'ha d'haver après. I, per tant, un paper del qual ens cal conèixer més a fons quines són les dificultats a l'hora d'aprendre'l.

L'escenari de la representació

Abans que no entrin els actors –mestres i alumnes– en acció, em cal descriure l'escenari on es representa l'obra: l'escola. Es tracta d'un espai prou conegut perquè no hagi de donar massa detalls, però sí que vull apuntar algunes conseqüències que té la disposició de la tramoia en el moviment dels actors. I és que el decorat de l'escola de fa un parell o tres de decennis, és a dir, l'escola dels pares que ara porten els fills a l'escola, ha canviat de manera francament extraordinària, i cal tenir-ho en compte.

En primer lloc, hi ha el fet que actualment els nens i nenes accedeixen al món escolar des de molt petits. Sovint, hi entren en contacte al cap de pocs mesos de néixer. I aquest factor em sembla decisiu en l'aprenentatge del paper d'alumne i no crec que s'hagi valorat prou bé. Perquè una altra cosa és arribar a l'escola quan ja es tenen cinc o sis anys, quan allò que s'anomenava la *socialització primària* ja està pràcticament tancada. És a dir, arribar-hi quan l'adquisició de tota una colla d'hàbits quotidians –alimentaris, higiènics...–, d'unes formes de relació amb els adults, fins i tot de les habilitats lingüístiques bàsiques, tot això ja s'ha fet en un marc diferent, el familiar. I per tant, s'entrava en contacte amb l'escola amb la consciència clara que allò era un altre món.

L'escola, en aquelles circumstàncies, era allò que en podríem dir, també en termes sociològics, una institució *secundària*, un lloc molt diferent de la família, que fins llavors podia haver estat identificat com el món per excel·lència. Hi entràvem descobrint que tenia unes normes pròpies, unes regles de joc objectives, externes i arbitràries que havíem d'aprendre. L'experiència de la ruptura entre món familiar i món escolar era nítida i, per això, els plors de les criatures de cinc o sis anys quan anaven per primera vegada a escola eren freqüents, duraven setmanes i, secretament, a vegades eren plors correspostos pels de les mares, que també patien molt per la separació. Per a molts de la meva generació, l'escola era una bata d'uniforme, una llengua estrangera. I era, o bé una monja de qui només es veia un tros de la cara i esporàdicament unes mans que retornaven a sota l'escapulari que solíem besar en senyal de respecte, o bé un mestre funcionari representant de l'ordre polític, que ensenyava el *Cara al sol* i qui era el *Mío Cid*. L'escola era uns formulismes que feien permanentment visible l'ordre i la jerarquia –les fileres, el posar-se drets, les salutacions fetes a cor...–, i era tot un sistema de supersticions legítimes a les quals calia adherir-se amb poca, molta o cap convicció –jaculatòries, estampetes, imatges del dictador, banderes...–.

Dificultats per diferenciar els espais

Avui dia, en canvi, aquesta experiència de l'entrada a l'escola com un món diferent del món familiar s'ha diluït gairebé del tot. Per començar, s'hi arriba a una edat tan tendra que és impossible que sigui viscuda amb la lucidesa que permetia diferenciar clarament els dos espais institucionals, el familiar i l'escolar. Fins i tot si la primera experiència és discretament traumàtica i va acompanyada de quatre sanglots. Fins i tot, allà on abans les escoles accentuaven la ruptura –aquelles porteries de les quals cap mare no podia passar–, ara les escoles miren d'endolcir-ne el trànsit amb visites de tots plegats, pares i nens, a les aules. I no és estrany que de les escoles per als més petits ara, en diguem *escoles maternals*, o *llars d'infants*, que són termes que accentuen la continuïtat dels espais –maternal, llar, etc. – i no la ruptura.

Més enllà dels noms, és clar, hi ha les actituds *maternals* dels mestres i de les mestres. En els primers anys d'escola, la dissolució de les fronteres fa que es puguin sentir amb una certa freqüència aquella mena de confusions que fan dir *senyoreta* a la mare, i *mare* a la senyoreta: a la monja mai no se'ns hauria escapat de dir-li *mare*, ni *hermana* a la mare. Ara, el costum entre els pares i els mestres de tarannà més avançat de fer-se dir pel nom, ha anat fent invisible l'error, encara que entre els nens i les nenes més menuts es manté la confusió dels papers entre pares i mestres.

El resultat és que, amb la dissimulació de la distància entre la casa i l'escola, avui en dia els nens i nenes han establert una relació de familiaritat amb el món escolar extraordinària, i això fa que vegin l'escola amb uns esquemes radicalment diferents dels d'abans. I per això, ara, aquests petits alumnes no saben qui *té raó* a l'hora d'interioritzar normes alimentàries i d'higiene, o a l'hora d'establir formalismes de relació interpersonal, quan no coincideixen uns i altres. Massa sovint, abans d'haver après unes normes determinades, ja en coneixen la relativitat.

Confusió d'àmbits i de competència

El segon fet que ha canviat radicalment aquests últims vint o vint-i-cinc anys, és el de la relació entre família i escola. Aquesta és una de les constatacions més utilitzades per assenyalar la pèrdua de confiança entre pares i mestres, inversament proporcional a la interrelació entre les dues institucions. Ara bé, del fet m'interessa assenyalar el procés de traspàs de competències que hi ha hagut, especialment de la família cap a l'escola i, excepcionalment, a la inversa. I aquí, les coses han anat una mica com en la política: a vegades s'ha traspassat la gestió però no la competència, que resta a mans del mateix titular; a vegades s'ha traspassat la competència però sense el pressupost; altres vegades s'han produït conflictes de competències que han portat a la duplicació de serveis o també a l'abandó per ambdues parts de la responsabilitat... Podríem recuperar tota la terminologia d'això de l'Espanya de les autonomies, per explicar què ha passat! Però, en diguem com en diguem, el cas és que, si abans els àmbits d'actuació de cadascú eren prou clars, ara són terriblement confusos. Qui ensenya a parlar, a menjar o a cordar-se les sabates? Qui ensenya com es tracten les persones grans i quines paraulotes es poden o no es poden dir? Qui inicia els nens i les nenes en les pràctiques i devocions religioses, qui els transmet els valors cívics i patriòtics o qui els educa en la sexualitat?

El pluralisme ideològic i cultural

En tercer lloc, l'altre gran canvi en el decorat escolar dels últims vint anys ha estat l'arribada d'això que en diem, a vegades amb un entusiasme insensat, el pluralisme ideològic i cultural. Ja em sembla bé que cantem les grans excel·lències d'una societat plural, però no és menys cert que hauríem de reconèixer que, per a l'escola, representen una dificultat seriosa. No és el mateix tenir una classe amb alumnes poc o molt homogenis de cultura, de nivell social, d'esperances laborals, de models familiars, que tenir a l'aula tota una fira de la multiculturalitat. La diversitat de cultures, la disparitat de valors, la confrontació d'interessos enriqueixen, sense cap mena de dubte, l'experiència escolar, però, a més, generen una quantitat important de desconfiances entre uns i altres. La qüestió que cal respondre és aquesta: a l'escola, tothom juga a aconseguir el mateix objectiu? Es pot dir que els objectius de l'escola són més universals i que poden integrar els particularismes que s'expressen a través dels alumnes? O, al contrari, fins a quin punt el debat no és entre el particularisme de la visió del món d'aquella escola o d'aquell mestre que t'ha tocat aquell any i els particularismes culturals de cadascun dels alumnes?

Sóc del parer que les principals desconfiances entre pares i escola no neixen pas de si l'escola ensenya millor o pitjor les matemàtiques, sinó precisament dels desacords en les formes de relació i els hàbits de comportament que es deriven de la diversitat cultural. Ara bé, en alguns casos també es poden detectar grans desacords ideològics entre pares i professors. En una ocasió, a un fill meu li va tocar un professor d'ètica d'institut amb rampells de nostàlgia franquista. Què havíem de fer com a pares? Fer explícit el conflicte amb l'escola ens arriscava a un enfrontament del qual podia acabar sent víctima directa el fill. Al contrari, vam pensar que no anava gens malament que conegués què era un pensament explícitament reaccionari i que hi hagués de reaccionar. I d'altra banda, també ens podíem refiar de la ineficàcia de la institució escolar en la transmissió de valors. Per tant, excepte el nostre fill que tornava d'aquestes classes fet una fúria, tots tranquils. Però és clar: parlo d'un adolescent i no d'un alumne de primària, i parlo sobretot d'un adolescent que ens omplia de satisfacció que sabés tornar fet una fúria.

La generalització de l'ensenyament

Hi ha un altre element en el nou paisatge escolar que considero que és decisiu en la definició de l'ofici d'alumne: la generalització de l'ensenyament bàsic, de fa poc obligatori fins als setze anys, però també estès d'una manera impressionant fins als nivells universitaris. El que vull assenyalar d'aquesta nova situació és que aquest noble objectiu de tota societat democràtica, la generalització de l'educació escolar, ha comportat la pèrdua tant del seu valor diferencial objectiu –un certificat d'estudis ja no garanteix cap reconeixement social– com, sobretot, del subjectiu –l'alumne ha perdut la consciència de privilegi pel fet de poder anar a escola.

Quan eren pocs els que tenien el batxillerat elemental, als catorze o quinze anys, aquesta titulació representava molt en el mercat laboral i per al mateix prestigi personal. Però si tothom, als setze, ha fet l'ESO, des del punt de vista del seu valor diferencial en el mercat professional, no val gran cosa. I el mateix es pot dir si comparem el valor en el mercat laboral d'un títol d'advocat o de metge de fa cinquanta anys i un títol d'ara, ni que la formació acadèmica del pitjor metge d'avui sigui superior a la del millor metge de llavors.

Ara bé, una qüestió encara més important per a l'exercici de l'ofici d'alumne és el fet que, com que ja és general i obligatòria, l'escolarització deixa de ser una opció voluntària i passa a formar part d'un món que es dóna per descomptat. Si demanéssim quants estudiants universitaris, de veritat, han pres la decisió personal i meditada de voler estudiar, i quants s'han trobat asseguts a l'aula universitària sense haver considerat mai la possibilitat de cap altra alternativa, penso que ens esgarrifaríem. Ara, l'únic acte de voluntat ferma, per a molts nois i noies, és el que s'expressa reclamant la possibilitat d'abandonar la cursa acadèmica. S'ha produït, doncs, una profunda devaluació subjectiva de l'escolarització: estudiar ha deixat de ser, per a la majoria, un privilegi i ha passat a ser o bé una norma, o bé la via més còmoda d'allargar la difícil entrada a un mercat laboral precari. Cada vegada més, per a algunes famílies, que el fill estudiï ja no és pas la culminació d'una aspiració de millora social, sinó el sistema més econòmic de tenir el fill ocupat mentre no troba feina. I per a més d'un fill, estudiar és el preu que cal pagar per mantenir l'esperança de trobar una ocupació laboral que no porti gaire feina.

Nous agents de socialització

En cinquè lloc, esmentaré una altra novetat. Es tracta de l'entrada en escena de nous agents de socialització en oberta competència amb l'escola i la família. L'originalitat i la força d'aquests nous actors és que no són fora del sistema, sinó que s'han instal·lat a dins. La cultura popular de massa, en particular la difosa a través de la televisió i, encara més particularment, per la publicitat que s'hi exhibeix, són agents que *eduquen* al marge dels criteris i dels models establerts per l'escola i la família, i que presenten de manera seductora models de vida alternatius. I no parlo només de models en general, sinó de models de família i de models d'escola en particular. És a dir, que la competència és explícita i directa. Hi ha sèries televisives europees i nord-americanes adreçades als adolescents –*De què vas, Helena quina canya, Rosanne*, etc. per només esmentar-ne algunes de fa uns anys, d'èxit a la Televisió de Catalunya– que són un bon exemple d'allò que dic. No tinc cap intenció, ara, ni de lamentar el fet ni de celebrar-lo, sinó tan sols de tenir-lo present, en la mesura que l'existència d'aquestes sèries són un factor més de complexitat en la definició social del paper de l'alumne. La televisió i la publicitat també es veuen amb cor d'ensenyar a fer d'alumne!

Un món juvenil autònom

I finalment, voldria dibuixar un darrer diorama d'aquest decorat escolar: l'autonomia creixent del món infantil i juvenil davant del món dels adults. És cert que l'existència d'un espai propi per al món infantil i juvenil no és cosa d'ara mateix. Però sí que crec que és força recent l'existència d'uns mons extraordinàriament autònoms i amplis, amb llenguatge propi, amb gustos específics i amb experiències diferenciades. I, sobretot, l'existència d'uns mons infantils i juvenils opacs, gairebé impenetrables. Ja fa temps que els historiadors van posar al descobert el procés d'*invenció* de la infància i de la joventut com a edat social. Però l'existència d'un mercat de consum de cultura infantil i juvenil específiques, i les possibilitats d'una autonomia personal i econòmica considerables en aquestes edats, fins i tot en grups socials poc afavorits, és el que ha acabat de crear aquests mons particulars segregats dels adults.

La qüestió que interessa, en aquest sentit, és descobrir quina relació s'estableix entre aquests mons propis dels diversos grups d'edat i el món escolar. Per exemple, seria interessant saber si l'èxit o el fracàs escolar personal és tingut en consideració pels nois i les noies en les formes de relació dins del seu grup d'edat, o com se sol dir, del grup d'iguals. És a dir, saber si en parlen, si jerarquitza les relacions dins el grup i si ho fa en sentit positiu o negatiu, o si és un tema tabú. Per dir-ho més fàcil: és ben vist, dins del grup d'amics, tenir bones notes? És una heroïcitat positiva el fet d'haver-se encarat al professor? És motiu d'exclusió del grup ser un bon alumne que participa a classe?

Com en aquella facècia de Les Luthiers en què el casino només és la tapadora que amaga el gran negoci del supermercat que hi ha amagat al soterrani, a vegades sembla que l'escola, en una inversió de valors semblant, també sigui la tapadora d'aquest altre món autònom juvenil, i que és gràcies a aquest segon que el primer sobreviu. Si fos així, com hauríem de considerar l'ofici d'alumne en relació amb aquest món juvenil autònom, que té una força significativa per als joves més gran que l'escola o l'institut?

Fer d'alumne, un paper sense guió

Qualsevol paper que representem en societat, s'ha d'aprendre. I l'aprenentatge d'un paper qualsevol, també el de fer d'alumne, comporta identificar allò que en sociologia se'n diu una *definició de la situació* i saber respondre a les *expectatives típiques* que aquesta situació exigeix. És a dir, que per aprendre a representar un paper en societat cal saber identificar correctament les diverses situacions que proposa el guió, i saber què s'espera que s'hi faci quan ens hi trobem.

Ens pot servir d'exemple aquell divertit consultori matrimonial, *El món de la parella,* dins l'esplèndid i enyorat programa de Miquel Calzada a TV3, *Persones humanes.* En aquella secció del programa, el doctor Solé donava consells per saber respondre davant de situacions de parella perfectament estereotipades –que l'espectador podia reconèixer com a habituals– i ensenyava «què dir si ella diu». Doncs bé: l'escola també es pot veure com un conjunt de situacions estereotipades (*situacions definides*) davant de les quals els actors cal que sàpiguen com s'espera que hi han de respondre (*expectatives tipificades*). L'alumne també necessita un doctor Solé que li ensenyi «què dir si el mestre diu».

Aquesta manera d'entendre la vida social posa l'accent en un fet: que els grups socials només funcionen si hi ha uns graus suficients d'acord i de consens sobre com són i com han d'anar les coses. L'acord no és pas resultat d'una decisió discutida entre tots, és clar, sinó d'una tradició social prèvia i d'unes coaccions actuals poc o molt visibles. D'altra banda, l'acord no és el resultat d'una relació oberta entre individus particulars, sinó que són formes de vida estabilitzades per les institucions –l'escola, la família, la colla d'amics, etc. Això vol dir que no és possible fer de fill o de pare, ni d'alumne o de mestre, fora dels marcs institucionals on té sentit fer-ne i on el paper pot ser reconegut com a tal. I, finalment, cal recordar aquesta obvietat: els papers socials no són ni universals ni eterns, sinó que varien segons les èpoques, els llocs i també les característiques particulars –econòmiques, culturals, ideològiques...– dels grups que els representen.

Pensem-hi: no podia ser el mateix fer d'alumne els anys cinquanta a l'escola franquista que fer-ne en una escola activa dels anys setanta; ni és el mateix ser alumne d'una escola pública d'un barri perifèric de l'àrea metropolitana de Barcelona, que ser-ho d'una petita escola religiosa d'un poble del Berguedà; i durant molt temps, i encara ara, no és exactament el mateix el paper que s'espera d'un noi que el d'una noia, per molt que s'hagi avançat en la defensa de la igualtat de sexes. O bé, recordem-ho, no fa tants anys que un nen mogut hauria estat permanentment castigat i moralment culpabilitzat, mentre que ara un nen massa quiet té tots els números per ser enviat al psicòleg. En definitiva, aprendre a fer un paper –en un lloc, un temps i un grup social concret– vol dir saber fer allò que s'espera de nosaltres en unes determinades situacions, amb petits marges d'autonomia, també molt ben establerts.

Què s'espera dels alumnes?

Doncs bé, la meva tesi és que la més gran dificultat que actualment pateix l'ofici d'alumne és que pares, mestres i escola en general no es posen d'acord a dir què n'esperen, d'aquests alumnes. És a dir, que no hi ha acord sobre en quines situacions s'ha de fer què. Que hi ha grans discrepàncies entre els mateixos mestres sobre què hauria de ser fer d'alumne. Les dificultats, doncs, hi són perquè no hi ha prou acord, perquè no tothom demana el mateix i perquè no tothom espera el mateix d'aquesta relació entre mestres i alumnes.

Però, a més del desacord entre uns i altres, la poca claredat sobre què s'espera d'un alumne també s'explica per algunes de les raons que donava a les pàgines anteriors. Si a l'escola, a més de fer el propi d'una escola –suposem, que és molt suposar, que estem d'acord en què li és específic!–, s'hi fan tantes altres coses tant o més importants que ensenyar matemàtiques i gramàtica, això desdibuixarà els papers de mestres i alumnes. Potser sí que, com deia una mestra en un *Vides privades* a TV3 sobre *Ensenyar*, avui dia els toca fer de mama, d'infermera i d'assistent social. Però aquesta pluriocupació també obliga l'alumne a comportar-se, a l'escola, com a fill, pacient i víctima social.

En conclusió: actualment, a l'escola, ja no hi ha només mestres i alumnes, sinó que hi ha altres papers i jerarquies superposades que desdibuixen la funció que fins fa poc havia estat fonamental i gairebé única, i el paper d'alumne s'ha anat quedant sense un guió precís. Tots, mestres i alumnes, han d'improvisar com si assagessin en una agrupació teatral de la qual haguessin despatxat l'apuntador.

Joves contra alumnes

He dit que el primer obstacle per fer bé l'ofici és que no queda massa clar què n'espera, de l'alumne, la institució escolar. Però l'aprenent d'alumne encara té més complicacions. L'aprenentatge d'un paper va estretament lligat a la definició de la identitat personal. La construcció de la pròpia personalitat i la descoberta de la societat són dos processos simultanis i coincidents. Per dir-ho a l'estil de Jean-Paul Sartre, «cadascú és allò que fa amb el que els altres han fet d'ell». En aquest sentit, l'ofici d'alumne no és, de cap manera, alguna cosa deslligada de la identitat global de la persona que l'ha de portar a terme.

I bé: l'objectiu es complica molt si, a diferència del que passava fa poques dècades, l'adolescència ja no és l'inici d'un breu estadi de transició des de la dependència familiar cap a l'emancipació adulta. Ara, la crisi d'identitat ja no és un període provisional i relativament breu sinó que es converteix en un estat permanent, gairebé en un estil de vida amb la seva pròpia estètica i llenguatge. La crisi d'identitat ha acabat definint una *cultura juvenil* que en els grups socials més avantatjats, fàcilment pot arribar a ocupar ben bé quinze anys de la vida. Adolescència i joventut, a finals del segle vint, s'han convertit en una moratòria sense final –o d'un final permanentment ajornat fins allà on sigui possible– i la cultura juvenil recrea una crisi d'identitat retòrica, una mena de positura, escollida i gaudida a fons. La consciència juvenil, doncs, *inventa* una crisi d'identitat exaltada i, alhora, dolorosa.

No en faig pas un judici moral, perquè a part de la responsabilitat que hi tinguin els mercaders de la cultura juvenil –que em temo que és molta– també pot ser cert que la complaença en la crisi sigui una resposta raonable a un futur que el jove veu negre o que, simplement, no veu. Probablement tenia raó el poeta romàntic anglès Percy B. Shelley quan escrivia que «l'esperança desenganyada només troba consol, inconscientment, en l'exageració de la desesperació». I aquesta exaltació retòrica de la *crisi d'identitat,* a la qual tant han contribuït les mateixes ciències socials, no és altra cosa que l'expressió de la voluntat del jove –del prototipus de jove que ens mostra l'actual cultura popular– d'instal·lar-se definitivament en el present i d'abandonar tota construcció de futur.

En resum: crec que, especialment als darrers anys de primària i sobretot a la secundària, l'ofici d'alumne es fa especialment difícil en la mesura que la identitat juvenil, l'assumpció del paper de jove, és contradictòria amb la feina escolar. Certament, no tots els adolescents ni tots els joves viuen la seva condició de joves de la mateixa manera ni amb la mateixa radicalitat i dramatisme ni, encara, segons els mateixos patrons. I pot ser que la perspectiva actual d'entrar en un període amb un futur menys incert que el de les crisis econòmiques dels anys setanta i vuitanta, redueixi el desengany i afavoreixi la compatibilitat entre els oficis d'alumne i de jove. Però, en termes generals, i segons la iconografia popular que els representa, fer d'alumne i fer d'adolescent o de jove, són coses que no acaben de lligar.

Alumnes en una escola en crisi

No tinc massa interès a exagerar la idea de crisi. Ja se sap que en una societat en canvi tot està en crisi, que en definitiva vol dir que tot està en transformació permanent. Ara bé, si allò que he escrit al capítol anterior, *Una escola intel·ligent,* té alguna versemblança amb la realitat, llavors s'acceptarà que l'escola no només viu un procés de transformació radical sinó que, sobretot, no s'acaba de veure massa clar cap on el fa, el canvi.

A l'escola se li demanen coses incompatibles i, sovint, la retòrica escolar resol el problema amb filigranes conceptuals. Hi ha, en primer lloc, una contradicció: voler que l'escola sigui una instància crítica de la societat i, alhora, voler que mantingui el seu paper integrador. Sempre podem fer jocs de paraules i suggerir una *integració crítica*, i que el mestre s'espavili. A més, com he dit abans, s'exigeix que l'escola proporcioni una base humanística sòlida, mentre que es vol que s'adapti amb precisió a les demandes d'un mercat laboral que, per la seva banda, no para de canviar.

Com la podem amagar, aquesta contradicció? Diguem que l'escola hauria de proporcionar una *especialització global.* I es vol que entreni per a la cooperació, que tanta falta fa en aquest món, però, no siguem ingenus, que prepari per a la competitivitat ferotge amb què es trobaran. Això, com es podia llegir en un fulletó de propaganda escolar, potser es podria fer distingint subtilment entre el *nivell pedagògic* i el *llistó instructiu*? I, sobretot, es vol que garanteixi la igualtat d'oportunitats, sempre que respecti la diversitat i no sigui un obstacle perquè els més ben preparats tinguin les possibilitats que s'han guanyat. I si d'això en diem *preparar per al món real d'una manera personalitzada*? Les possibilitats d'emmascarar retòricament les incoherències en els fets són infinites.

La conclusió és la següent: qui té dificultats per precisar què seria raonable que assimilés un bon alumne, és la mateixa escola. I l'interrogant que proposa aquest fet és doble. Primer, seria bo saber, deixant ara de banda els pares, si els mestres d'un mateix claustre escolar compartirien una idea semblant d'allò que és ser un bon alumne. La prova seria bona de fer. Es podria demanar a una mostra representativa de mestres l'ordenació per importància de diverses característiques de l'alumne ideal. O més descaradament, es podria demanar que diversos professors d'uns mateixos alumnes en classifiquessin un grup segons la proximitat o distància de cadascun al seu ideal d'alumne. A veure què passava.

Però hi ha un segon interrogant encara més inquietant: l'ideal de bon alumne que retratarien els mestres, seria la d'un alumne que realment tindria èxit escolar? Hi ha acord entre allò que imaginen els mestres que és un bon alumne i allò que el sistema educatiu, més enllà de l'opinió de cada mestre concret, premia amb l'èxit escolar? Em temo que, en molts casos, no.

Les fugides del sistema

Una de les condicions d'èxit en la realització d'un determinat paper és aconseguir que l'actor cregui en la institució on ha de representar-lo. Hi ha actors de teatre que, per convèncer-nos del seu gran compromís professional, solen dir que es posen tant dins el seu paper que, mentre duren les representacions, gairebé es transformen en allò que interpreten. Doncs bé, quan el paper que interpretem no és en un escenari de ficció sinó que ens atrapa radicalment en la nostra mateixa identitat personal i en el nostre reconeixement social, creure en la institució és fonamental. Com els bons actors, ens cal arribar a ser allò que interpretem. I creure en una institució, o encara millor, *creure's* una institució, no vol dir, necessàriament, tenir-hi una fe absoluta i ingènua. Simplement, vol dir trobar sentit en el fet de formar-ne part.

Tanmateix, quan no trobem sentit en allò que fem en el marc d'un grup o d'una institució, els acabem considerant tirànics o capriciosos, i tenim diverses maneres d'escapar-nos-en. Per exemple, es pot recórrer a allò que se'n podria dir *manipulació*: és a dir, no es critica la institució, i hom s'acontenta a treure'n un profit personal. Potser no és una actitud pròpia dels alumnes dels nivells primaris de l'ensenyament, però hi ha alguna cosa d'això en aquests estudiants universitaris que trien la carrera no pas d'acord amb l'interès que senten per uns estudis determinats, sinó per les sortides professionals i les expectatives econòmiques que tenen.

D'altres, més nombrosos, recorren a la *reserva de rol*: és a dir, prenen distància, amb murrieria, del paper que haurien de fer. S'hi identifiquen poc, fan el paperot, sense convicció i amb consciència que aquell paper no els identifica personalment. No es saboteja el sistema, però es practica la llei del mínim esforç, sense afegir cap dimensió moral a la participació. Així com hi ha moltes persones que fan celebracions religioses –bateigs, primeres comunions, casaments, etc.– i n'accepten les regles –i els regals, és clar– però sense sentir cap compromís moral amb allò que representa el sagrament religiós, molts alumnes de secundària i universitaris segueixen el joc del món escolar i acadèmic sense cap entusiasme ni convicció.

Doncs bé, la qüestió és la de saber fins a quin punt, en el paper d'alumne –però també en el de mestre– hi ha gaire casos de *manipulació* o de *reserva de rol*. Hi ha qui opina, com ja ho havia fet fa força anys Alexandre Galí a *Una hipotètica revolta d'uns mestres hipotètics* (Perpinyà, 1964), que, en el terreny de l'educació, el problema del sentit i de la implicació moral és fonamental. Galí afirmava que els educadors haurien de demostrar amb una profunda convicció que allò que fan té sentit. Que, en la tasca educativa, qualsevol desacord entre allò que es predica i allò que es fa és un frau moral de conseqüències dramàtiques. Galí feia una defensa de la dimensió vocacional de l'ofici de mestre que ara pot semblar ingènua. I la meva tesi és que, paral·lelament a aquesta crisi vocacional del mestre, l'alumne també troba a faltar un marc de confiança en la institució prou sòlid per no haver-se de refugiar ni en la manipulació ni en la reserva de rol, com sovint també fa el mestre.

I és que des del meu punt de vista, el problema del sentit sí que, com deia Galí, és central en tota acció educativa. La dificultat principal en l'ofici d'alumne és que el paper es pugui desenvolupar en una escola que confiï en ella mateixa. Una escola que, malgrat totes les dificultats objectives de què hem parlat, sàpiga donar sentit a tot el sistema de normes i de papers que s'hi representen. Erik H. Erickson va escriure fa molts anys unes idees sobre la joventut a *Sociedad y adolescencia* (Mèxic, 1975), que serien perfectament aplicables al cas de l'escola, i que podrien reescriure's d'aquesta manera: l'alumne depèn de la coherència ideològica del món escolar en el qual se suposa que ha de participar, i s'adona perfectament de si el sistema és prou fort en la seva forma actual per ser confirmat a través del procés d'identitat, o bé si està prou debilitat per suggerir-ne la renovació, reforma o revolució.

No és fàcil, l'ofici d'alumne. Si més no, acceptem que és tan arriscat com l'ofici de pares o l'ofici de mestre.

3
L'espai educador de la família

Amb tants competidors, pot haver semblat que la família perdia la seva importància com a espai d'educació. Hi ha l'escola, que ensenya en terrenys que abans eren propis de la família; la televisió, per a qui sembla fet a mida allò de «de fora vingueren i de casa ens tragueren», o les activitats extraescolars i els esplais que acaben d'omplir les hores d'oci que tenen els fills. I, per si encara quedava una mica de vida familiar per dinamitar, tenim els video jocs i l'Internet, sempre a punt d'ocupar els intersticis d'activitat programada. No es pot negar que hi ha raons per sentir un cert pessimisme. Però, d'altra banda, ben comptat i debatut, crec que mai la família havia tingut uns desafiaments educatius tan originals i propis com ara. Potser a la família li manca temps, i prou coratge. Però el que són objectius, no se'ls acabarà pas.

Què ha canviat

Els canvis socials no arriben tots de cop, ni tots són de la mateixa dimensió i abast. Pel que fa a la família, es pot dir que al llarg del segle han passat, entre d'altres, un parell de coses importants que vull destacar. La primera, que de ser una institució que exercia una força *centrípeta* sobre els seus membres, és a dir, que els aglutinava i retenia entorn d'una estructura de dependència patriarcal, ha passat a exercir una força *centrífuga.* Ara, la família contribueix a l'expulsió cap a l'exterior dels qui en formen part, a excepció del nucli format per la parella.

Abans, la família integrava diverses generacions i fins i tot de diverses branques: a la mateixa casa, hi podien viure avis i néts, però també algun oncle o nebot, i en general durant tota la vida es vivia en família. Viure sol, fins fa quatre dies, ha estat estigmatitzat, malvist. Ara, en canvi, una família només sol tenir pares i fills, amb un cicle de vida per a tot el grup molt limitat. I tot i que la crisi econòmica dels darrers anys i alguns canvis culturals dels quals parlarem més endavant han allargat l'estada dels fills a casa, el fet de només tenir-ne un o dos ha tornat a escurçar el cicle. A diferència d'abans, l'habitual és que ara les parelles esperin uns anys a ser pares i que quan els fills s'emancipen, es tornin a quedar sols, després d'una poc o molt intensa vida familiar. No s'ha de perdre de vista que l'esperança de vida s'ha allargat molt, i que d'uns aproximadament cinquanta anys de vida teòrica de parella, els fills n'ocuparan només la meitat. I en cada període –abans de tenir fills, mentre en tenen i quan ja han marxat de casa– la parella haurà de refer els seus estils de vida.

De la mateixa manera, això que ara en diem *tercera edat* ja no són ben bé la mena d'avis que abans vivien dins el grup familiar. En l'estil d'aquell llibre de Maria Aurèlia Capmany, escrit a finals dels anys seixanta, en què es demanava si *La joventut, és una nova classe?*, ara també podríem dir que la tercera edat és una *nova* edat, gairebé una *nova classe*, pensada –com la joventut– com a un gran mercat de consum. No n'hi ha prou de doldre's de la poca generositat dels fills amb els pares quan es fan grans, sinó que també cal veure, paral·lelament, el procés d'autonomització de la gent gran, gràcies a la generalització del sistema de pensions i també als canvis de models culturals que els proporcionen nous estils de vida amb independència del marc familiar tradicional. Les ganes d'autonomia en la gent gran ha fet que ja no siguin excepcionals els casos de matrimonis que, quan els fills tarden a marxar de casa, opten per buscar un nou habitatge adaptat a les seves necessitats i que abandonen uns fills madurs que es queden a viure al domicili familiar.

Família: unitat de consum

El segon canvi important a què volia fer referència és que abans la família era, sobretot, un grup dedicat a la producció o a l'obtenció de guanys que eren posats en comú, mentre que ara és una unitat dedicada, principalment, al consum. Antigament, es deia que els fills arribaven amb un pa sota el braç, i que eren una benedicció de Déu. I tant: per a una família, més fills eren més jornals, més mà d'obra i més garantia de continuïtat, especialment en un temps en què la vida se n'anava amb molta facilitat. L'habitual era que fins a les vigílies del matrimoni, els fills aportessin els guanys a la unitat familiar.

Però ara els fills arriben amb una llima i, gràcies a les noves tecnologies farmacològiques –si no s'és un potentat de l'Opus–, es pot fer per manera que la descendència no passi de la parelleta, que sembla que és la norma no escrita dels matrimonis actuals. Ara, els joves es posen a treballar tard i, cada vegada més, fins i tot quan resideixen al domicili familiar, porten una vida econòmica independent. Actualment, doncs, des d'un punt de vista econòmic, la família és la unitat de consum, és on s'aprèn a gastar i és a qui es dirigeixen la major part de missatges que conviden a malbaratar els guanys familiars.

Tots dos canvis, per bé que representen la crisi d'un cert model de família, han fet aparèixer una altra concepció de família d'una força social tant o més extraordinària que la d'abans. Aquesta família nuclear d'ara ha convertit la relació de parella en un procés complex de construcció personal, en el qual cada membre de la parella es vol sentir realitzat. És un procés molt més arriscat que no ho era la vida dels matrimonis tradicionals, i exigeix una inversió de sentiments infinitament més accentuada. És per això que no em sembla un disbarat dir que les separacions i els divorcis no són un símptoma de crisi del matrimoni, sinó precisament una demostració de la seva vitalitat. Si hi ha separacions i divorcis és perquè les expectatives individuals en la relació de parella i la vida familiar són molt més elevades. Les parelles d'ara no es resignen fàcilment a una relació matrimonial fracassada. No s'ha de confondre, doncs, en cap cas, un fracàs matrimonial personal amb la crisi de la mateixa institució. La major part de divorcis hi són per donar lloc a noves experiències matrimonials, no pas per abandonar la institució.

Empresa de risc

I els fills també formen part d'un projecte personal més responsable, en el qual han d'encaixar de manera activa i no merament passiva, com abans. En els fills també caldrà invertir-hi no només molts diners, sinó també molts més afectes i atencions. Generalment, l'argument que s'esgrimeix per no tenir fills és que són cars. Però estic convençut que allò que realment espanta és la inversió en temps i afecte, i el terror d'un fracàs que, a diferència del matrimoni, no té solució.

L'educació, a més, deixa de ser un automatisme social que es resol aplicant uns models rígids compartits per tota la comunitat, i esdevé una empresa amb risc. Abans, des del veí de casa fins al senyor rector, tothom s'afegia a l'educació dels fills de tothom, i hi intervenien directament. S'admetia, probablement amb límits, l'esbroncada, l'estirada d'orelles i fins i tot el mastegot de qualsevol representant de la comunitat. Ara, si bé la televisió o altres agents socials participen en l'educació dels fills de manera indirecta i sense demanar permisos, aquella mena d'intervencions de la comunitat ja no es consenteixen ni als mestres ni als mateixos avis de la criatura. Subjectivament, per als pares, l'educació dels fills ha deixat de ser un afer que s'hagi de tractar en públic i es considera una competència pròpia de l'àmbit privat. L'educació és vista, encertadament, com una aventura per a la qual cal molt coratge. I el fet és que fa relativament pocs anys que els pares són conscients, en tenir fills, que les probabilitats de fracàs són altes.

Dona: treball assalariat

Però, a més d'aquestes grans transformacions en la família, hi ha hagut altres canvis. Entre els que tenen conseqüències en les maneres actuals d'educar, hauríem de considerar, en primer lloc, la incorporació de la dona al treball assalariat. Caldria matisar molt l'afirmació i recordar que al camp la dona sempre ha estat un factor productiu fonamental. I als principis de la industrialització, les dones i els nens –en alguns casos, les nostres pròpies àvies i besàvies– ja havien treballat, i en unes condicions que ara són inimaginables. Horaris esgotadors, setmanes de sis dies i mig, condicions de salubritat sota mínims... No em sé estar de recomanar una visita a l'exposició permanent sobre la fàbrica tèxtil al Museu de la Ciència i la Tècnica de Terrassa.

I tot això, les mares ho feien assumint les principals funcions educatives dels fills, cosa que ara tendeix a modificar-se en el sentit d'incorporar-hi els pares. Sigui com sigui, però, després d'uns anys en què la norma, o el model socialment desitjable, especialment per a les classes mitjanes, era que les mares s'ocupessin de la llar, ara se sol fer compatible, en tots els casos, el treball i els fills.

Joventut: sala d'estar

També convé tenir present els canvis a què ha donat lloc l'extensió de la joventut. I entenc l'extensió primer en el sentit d'arribar a una més gran amplitud de nivells socials, en els quals, naturalment, abans també hi havia joves d'edat però que socialment no podien gaudir dels avantatges de *ferne*. I és també una extensió per a un període més llarg, en què la joventut –també segons el grup social– pot arribar fàcilment a durar prop dels quinze anys. Aquesta extensió en el temps és fonamental per entendre com ha canviat per als mateixos joves la seva manera de viure la joventut. Com he dit en altres ocasions, si la joventut havia estat una *sala d'espera* que acompanyava la transició de la dependència familiar al món adult –i per tant, tot era provisional–, ara, la joventut és una *sala d'estar* en la qual s'entra, però en general no es té cap pressa per sortir-ne.

Mobilitat

A tot plegat hem d'afegir la mobilitat laboral, que és cada vegada més gran. La incertesa sobre la destinació professional, doncs, afegeix dificultats a l'estabilitat familiar: afecta l'establiment del domicili, la mateixa parella –el lloc de treball d'un pot coincidir o no amb el de l'altre– i les vinculacions amb els amics i la resta de família, que sempre solen ser una garantia –per a bé i per a mal– de més control social. Diuen que les empreses multinacionals es queixen que als catalans ens costa molt adaptar-nos a aquesta mobilitat laboral. La veritat: no sé si passa de ser un tòpic poc fonamentat. Però, si fos així, el fet indicaria que encara hi ha qui prefereix renunciar a fer carrera professional abans de renunciar a una qualitat de vida personal superior i a més estabilitat familiar. Francament, em sembla un tarannà prou intel·ligent, encara que els experts en ocupació laboral considerarien que aquesta mena de gent no tenen el *perfil* que avui dia és exigible en un entorn d'economia globalitzada i que els centres de formació professional fracassen si no són capaços de transmetre aquests valors.

La gent gran

Finalment, l'*emancipació* de la gent gran com a grup d'edat ha arribat, de manera destacada, amb la generalització de les pensions que els ha donat una raonable autonomia econòmica. Després, s'hi ha afegit l'extensió de l'esperança de vida i amb una qualitat de vida superior gràcies als avenços de l'atenció mèdica i a la seva gratuïtat. I finalment, hi ha hagut la invenció d'una cultura del lleure específica per a la gent gran, d'una gran importància econòmica, en la qual s'ha embarcat els avis. Com els joves, abans que res, la tercera edat s'ha anat convertint en un mercat temptador per a la indústria turística, de la salut, de l'alimentació, per a les entitats de crèdit i, naturalment, per als polítics.

Canvis en l'organització familiar

Les conseqüències de tots aquests canvis han estat molt importants per als estils de vida actuals vinculats a l'organització familiar. Els joves, si es casen, ho fan més tard. I en conseqüència, quan ho fan, solen voler uns nivells de benestar i comoditat superiors. Si tenen fills, en tenen pocs i de més grans, de manera que la diferència d'edats entre pares i fills ha crescut molt aquests darrers anys, i en el futur això tindrà repercussions interessants en les formes de relació intergeneracionals. Les obligacions laborals solen allunyar les noves parelles dels seus pares.

Els avis, per la seva banda, han de vetllar que els estalvis els permetin arribar prou còmodament al final de la vida. I si pot ser, arribar-hi activament, de manera que l'objectiu de mantenir un nivell de vida acceptable, lògicament, passa davant de deixar res als fills. M'estranyaria molt que les entitats financeres, el sector empresarial que s'hi guanya la vida i l'Administració pública no haguessin estudiat bé aquests comportaments de la gent gran des del vessant econòmic.

En general, tots aquests canvis afavoreixen l'aparició de conductes més conservadores i acomodatícies en el món familiar. Josep Maria Ureta, el reconegut periodista econòmic, ha dit en diverses ocasions que el nostre costum de comprar l'habitatge en lloc de llogar-lo, i el fet de quedar atrapat durant vint o trenta anys en una hipoteca, ha estat un dels instruments més importants de moderació social. Ja se sap, qui té més a perdre, es torna més prudent. I quan parlo de conductes conservadores em refereixo a la conservació del benestar material, cosa perfectament compatible amb actituds extremament liberals pel que fa a les idees polítiques o a la moral privada. I m'abstinc de fer cap consideració en termes ideològics, morals i polítics sobre aquests canvis: només els mostro amb tota l'objectivitat de què sóc capaç.

El punt d'arribada de tots aquests canvis és de previsió impossible. En contra del que pot semblar, els processos socials no són lineals. Alguns dels canvis que fa un moment descrivia són perfectament reversibles, i en alguns casos ja han començat a canviar de signe. Posem un cas que em sembla ben clar d'una situació que canviarà: el fet que els fills es quedin a casa fins a prop dels trenta anys. Aquest allargament de la convivència ha estat possible perquè els pares d'aquests nois i noies s'han fet càrrec de les seves dificultats i han estat disposats a fer-se càrrec de la despesa addicional i del treball domèstic afegit. Però, aquests nois i noies, estarien disposats a fer el mateix pels seus futurs fills, en unes condicions semblants? Judicis morals a banda, crec que el model és irrepetible. Els fills dels fills d'ara, difícilment es quedaran a casa gaire més enllà dels vint anys.

En qualsevol cas, les darreres dades oficials –que mai no són del tot de fiar– descriuen la situació general en els termes següents. Diuen que al nostre país hi ha una mitjana de tres persones per llar. Diuen que només a una de cada deu famílies hi viu algú que no pertany estrictament al nucli format pels pares i els fills, com ara un avi o un oncle. Se sap que de cada quatre famílies registrades, una no té fills. I, finalment, consta que de cada quatre llars, a tres hi ha una parella –amb fills o no– mentre que la resta són solters, vidus i pares o mares separats. Naturalment, cal mostrar un cert escepticisme davant aquestes dades perquè reflecteixen només els casos que s'han deixat atrapar en els papers oficials. Però tot fa pensar que, si de cas, la realitat encara exageraria les xifres anteriors en el sentit de comptar menys persones per llar, més parelles sense fills i més llars sense nuclis familiars complets. És, simplement, la conseqüència dels canvis a què m'he referit abans.

El paper de la família

Ja he anticipat algunes de les conseqüències que els diversos canvis han tingut sobre la família i en les maneres d'organitzar-se. I he assenyalat en altres ocasions que és habitual que els canvis culturals –les maneres de viure i pensar– que es deriven dels canvis estructurals –els imperatius demogràfics i econòmics, per exemple– siguin valorats en termes morals, com si fossin resultat de la mera voluntat subjectiva dels actors que hi estan implicats.

Per exemple, es pot sentir dir que els joves d'ara són més egoistes perquè *no volen tenir* tants fills a canvi de viure més confortablement. O que els avis d'ara cada dia són més irresponsables perquè es passen el temps fora de casa, fent viatges de l'Inserso, en lloc de *voler-se* ocupar dels néts. Aquestes interpretacions, formulades en termes subjectius, parteixen del supòsit que tot el que fem la gent és resultat d'una elecció personal conscient. Però el supòsit és injust i abusiu, i si al capdavall aquestes noves maneres de fer tenen conseqüències morals

–que les tenen–, cal analitzar-les com a resultat d'uns canvis que s'imposen per damunt de les voluntats individuals aïllades.

Ara bé, sigui quin sigui el judici moral que ens mereixi la nova situació, el resultat de tot plegat és que la família segueix ocupant un lloc absolutament central en l'organització social. Com deia abans, no hi ha crisi de la institució familiar en el sentit de tenir els dies comptats com a forma d'organitzar la convivència. En tot cas, si la família viu una crisi com a conseqüència dels canvis a què es veu abocada, és perquè cada vegada la situen més en una posició central de la vida social. La família ja no és només la instància reaccionària que hi havia vist l'esquerra dels anys seixanta i setanta, sinó que comença a ser incorporada de manera principal en els discursos polítics del progressisme. I és la nineta dels ulls dels governs actuals, que la consideren una garantia en el manteniment de l'estat del benestar, de la integració social, de la transmissió de valors cívics, etc.

És per totes aquestes raons que, per bé que no es pot dir que tothom hagi de considerar la família exactament de la mateixa manera, voldria suggerir allò que, des del punt de vista de l'educació, la família és i seguirà sent, si més no, una bona colla d'anys.

Espai protector

En primer lloc, la família s'ha convertit en un espai de protecció de l'individu davant d'una societat que tot el que dóna en benestar material s'ho cobra en duresa i agressivitat. La competitivitat econòmica, la vida agitada, l'ambició professional, l'obsessió per esprémer tot el suc de la vida a cada segon o la pressió consumista, per esmentar allò més conegut, proven d'envair, sense compassió, tots els espais vitals de les persones. Si totes aquestes circumstàncies van acompanyades d'èxits suficients, el més probable és que es prescindeixi de la família o que passi a ocupar un espai significativament petit en el projecte personal de vida. Però quan els resultats de tota la pressió no són satisfactoris, es busca refugi en la família.

És clar que en aquesta percepció d'una vida accelerada hi ha molta artificialitat. Una cert grau de desorganització, estratègies irracionals per fer front a noves necessitats per a les quals encara no s'han elaborat respostes culturals adequades, i fins i tot, un córrer per córrer, sense anar enlloc, exageren la duresa dels estils de vida actuals. Però, sobretot, aquesta voràgine serveix per justificar-nos moralment de moltes incoherències. Anar apressat, no tenir temps, córrer tot el dia, s'ha convertit també en una exhibició d'èxit personal.

I en el món educatiu, el lament per aquest estil de vida tempestuós també ha estat una magnífica coartada per a molts fracassos. En aquests casos, el camí que separa l'autoengany sincer de la hipocresia calculada és molt curt. Tot i el risc de fer-me molts enemics, crec que s'hauria de tenir en compte que moltes hores al lloc de treball no volen dir moltes hores de feina. I que la vida estressada no impedeix a molts dels que se'n queixen passar cada dia tres o quatre hores davant la televisió que, segons tots els estudis, és la mitjana d'*entelevisament* nacional.

Però, en qualsevol cas, sigui per necessitat o sigui per mala organització, sigui acceptat voluntàriament o per força, tot plegat endureix els estils de vida i crea malestar. I és justament en aquest marc de relacions socials i professionals competitives, que la família fa funcions d'espai protector, o s'espera que les faci. Tant és que parlem dels índexs elevats i creixents de fracàs escolar, com de la inestabilitat laboral quan ha estat més alta, com si ens referim a les limitacions que l'Estat del benestar té a l'hora d'atendre malalties psíquiques, deficiències de tot tipus o malalties cròniques. En aquest punt, la família sol acabar sent l'espai principal de suport afectiu i material.

Ho ha estat per als joves que no trobaven feina, per als vells que no es podien afegir a l'alegre *terce-*

ra edat dissenyada per les indústries del lleure. I ho ha estat per als malalts crònics que no poden ser atesos pel sistema sanitari o per als discapacitats que el sistema arracona sense gaire compassió. La família no tan sols és un suport en aquests casos de dificultats objectives, sinó que la família també és –o s'espera que sigui– qui ha de donar l'empenta encoratjadora quan les coses van mitjanament bé. La família ha de fer costat als fills durant tota la carrera acadèmica, especialment quan els resultats flaquegen; pot ajudar a comprar el pis dels fills quan es volen emancipar o ha d'esmorteir les tensions causades per l'èxit laboral.

Educar l'afectivitat

La família, d'altra banda, hauria de ser l'espai principal per educar l'afectivitat, les emocions. Més endavant m'estendré sobre la poca habilitat que actualment sembla que tenim en l'ús dels nostres sentiments, que, segons els experts, no han evolucionat al ritme de la resta de canvis socials. Es podria dir que tenim una sentimentalitat desfasada a la vista de les tensions actuals. El recurs al sentiment com a instrument de coacció i xantatge és més freqüent del que es pot pensar. Ara només diré que no se m'acut un lloc millor que no sigui el marc familiar per al desenvolupament d'una intel·ligència emocional madura, que intenti lligar racionalitat i sentiments en les seves proporcions justes.

Reflexivitat crítica

En tercer lloc, si bé és cert que en la nostra àrea cultural les formes de vida han esdevingut força conservadores pel que fa a l'acceptació de les regles de joc del sistema econòmic i polític, la família és alhora un dels pocs espais socials en els quals és possible afavorir el desenvolupament d'una reflexivitat crítica. L'escola i certes formes d'associacionisme pròpies de la societat civil poden contribuir, sense cap mena de dubte, a desenvolupar els hàbits crítics. Però la família pot ser un punt de partida absolutament clau en el desenvolupament d'aquesta sensibilitat resistent, que és el fonament del progressisme que mereix ser reconegut com a tal.

El catecisme marxista de quan era jove assenyalava la família com l'*aparell ideològic de l'estat* dedicat a transmetre els models de la ideologia dominant. No cal dir que la família era un dels objectes privilegiats de totes les ires revolucionàries. Però la família d'ara, si bé és cert que pot seguir sent un instrument ideològicament conservador, també és el lloc idoni per al foment d'estils de vida crítics i dels seus contravalors corresponents. Abans, la família era un instrument fonamental de l'ordre social. Ara, el poder disposa d'instruments fantàstics, extraordinàriament més sofisticats, per transmetre la ideologia dominant. Per això, una família reflexiva i resistent a les temptacions del sistema és molt més necessària que abans.

Encara que potser no sigui d'interès per a tothom, també vull dir que la família és l'espai propi de la transmissió de l'educació religiosa. Per a tota educació que comporti una iniciació a allò que no és comú del conjunt de la societat o que porti afegida una notable càrrega ideològica (patriòtica, ecologista, pacifista, etc.), la família n'és la plataforma bàsica. La família és l'espai de la iniciació a l'experiència religiosa i a totes les altres experiències que acabo d'esmentar, en què es *naturalitzen* i es fan *normals* i quotidianes les experiències difícils de materialitzar perquè no es troben de manera habitual en el món de la majoria. La pregària diària o la devoció a una imatge cristiana, però també la participació en un acte de reivindicació patriòtica o el gest de cantar un himne nacional amb respecte, i la consciència activa i militant a favor de la conservació de la naturalesa, són la base imprescindible de la transmissió dels mons particulars. Uns mons que si no s'han viscut de petit, de gran o ja no podran ser objecte d'elecció o les adhesions prendran la dimensió exageradament entusiasta pròpia dels conversos. D'una fe religiosa, del patriotisme, de l'ecologisme i, fins i tot, del fet de ser del Barça, des del meu punt de vista, també convé tenir-ne una certa experiència infantil per tal de, després, no ser-hi ni absolutament insensible ni rematadament fanàtic.

En particular, en el cas de la transmissió de fe, s'ha pogut comprovar com el procés exagerat de racionalització de l'experiència religiosa ha deixat els mateixos pares creients sense pràctiques quotidianes, de manera que s'ha abandonat tota la iniciació religiosa dels fills a les catequesis preparatòries parroquials de les primeres comunions. El resultat voreja el *sinistre total*, perquè la fe s'ha anat convertint en un discurs sense experiència pròpia, sense sentiment, viscut amb la mateixa emoció dels qui, fa anys, estudiàvem llatí.

La crisi de la transmissió de la fe religiosa ha arribat, doncs, no pas per les barbaritats i desvaris d'una jerarquia eclesiàstica amb la vista fixada al passat, i que no sabem si anirà al Cel però que podem certificar que ara és als llimbs. La crisi ha vingut per la manca de rutines familiars que connectin fe i vida quotidiana. I l'anàlisi del que ha passat en el món catòlic podria ser de molt interès per preveure què pot passar en altres terrenys educatius, com ara el del civisme democràtic o la responsabilitat política del ciutadà.

Els ingredients d'una proposta

En un cert sentit, sembla que hagi volgut recuperar el to transcendental i alhora dramàtic d'aquella vella idea que Marx aplicava a la religió. La família, ara, seria aquell «refugi de la criatura oprimida, el cor d'un món sense cor». Però, en lloc de ser també l'opi del poble, com deia Marx de la religió, per què no fer de la família el taller on es podrien forjar veritables esperits lliures i resistents?

El que caldria saber és de què depèn la possibilitat d'acostar-se a aquest ideal de persona lliure que la família hauria de preparar de manera destacada. De totes les idees que he sentit, el que més m'ha convençut és la proposta que feia Erik H. Erikson en un article publicat a la revista *Daedalus* l'any 1970, «Reflections on dissent of contemporary youth». Erikson hi establia les condicions educatives bàsiques que portaven a la maduresa personal. Entesos com a etapes consecutives, considerava que hi havia cinc estadis: la *confiança*, que proporciona les bases per a l'acceptació d'una integració social; l'*autonomia*, que permet el desenvolupament de la lliure voluntat; la *iniciativa* i la *introspecció*, que són les condicions necessàries per a l'aparició de la capacitat de judici moral; la *laboriositat*, que injecta el virus de les ganes de fer coses i, finalment, la *ideologització*, que proposa models d'identificació personal i col·lectiva i, en definitiva, proporciona una orientació de sentit.

L'anàlisi d'Erikson, d'orientació psicoanalítica, té unes complexitats teòriques que aquí no és el lloc de desenvolupar, i m'acontento a prendre els cinc estadis en un sentit metafòric que pot ser comprès de manera intuïtiva, com a objectius genèrics de tot procés educatiu. Es tractaria, en definitiva, de formar unes personalitats socialment confiades, autònomes, capaces d'introspecció, laborioses i que sàpiguen donar sentit a allò que són i fan. Tot un programa per a un projecte de creixement familiar.

Quan tot això s'aconsegueix en unes proporcions justes, la vida familiar es converteix en una gran oportunitat per a tots els seus components, en un marc que ha de tenir com a ingredients fonamentals un clima de bon humor i una gran paciència carregada d'esperança. La irritació malhumorada i el pessimisme impacient, tan actuals, penso que són els corcs principals de l'educació. En canvi, l'educació necessita un punt d'humor irònic que permeti riure's d'un mateix per poder desdramatitzar els conflictes quotidians i ser capaç d'encarar-los tranquil·lament. Així mateix, l'educació està renyida amb la pressa i els resultats immediats. Cal tenir una constància a prova de bomba i saber esperar els fruits de la feina ben feta, fins i tot contra tota evidència immediata.

4
Atrevir-se a fer de pares

S'ha anat estenent la brama que els pares han dimitit de la seva responsabilitat com a educadors. En temes d'educació, agraden les grans frases. I si pot ser, agrada que siguin tremendistes. Jo mateix, fatalment, no m'escaparé de fer-ne més d'una. Les grans frases volen sintetitzar un pensament complex en una sola idea. Però si no afinen gaire, sovint és com deixar anar un corc que pot omplir el cervell de serradures. De fet, si se'm permet de fer-hi broma, d'allò que han dimitit els pares no és de fer-ne, sinó de ser-ne: les taxes de natalitat no hi ha manera que abandonin uns llindars que expressen una gran crisi en la vocació de paternitat. Però entre els que en són, més que dimitir de la seva responsabilitat, el que els passa és que, senzillament, no saben com posar-s'hi. I, quan s'hi posen, no se n'acaben de sortir. Jo diria que la preocupació actual dels pares pels fills és superior a la de fa un parell de generacions. Ara bé, no és cert que, del fet que hi hagi més preocupació, se'n pugui deduir que hi ha més ocupació efectiva per part dels pares, ni encara menys que se sàpiguen prendre les millors decisions.

Per què és difícil fer de pares?

En general, la idea sobre la hipotètica dimissió dels pares apunta al supòsit que els pares són molt –massa– permissius en l'educació dels fills i que això és degut al fet que han llençat la tovallola, per esgotament o per comoditat. Però cal anar alerta a no precipitar-nos en fer interpretacions fonamentades només en judicis morals. Ser més permissius, fins i tot quan és un error, no vol dir necessàriament ser irresponsables, sinó que pot indicar una responsabilitat exercida en una determinada direcció. En molts casos, possiblement, és una responsabilitat mal exercida a causa, precisament, de l'excés de preocupació que provoquen la incertesa i desorientació sobre com cal educar.

Acusar els pares de dimissionaris, doncs, em sembla confús i precipitat, fins i tot si és cert que n'hi ha molts que s'han rendit davant les dificultats, i alguns fins i tot abans de tenir-ne cap. I crec que és un judici precipitat, primer, si és que amb aquesta acusació es vol insinuar que els pares d'ara són més irresponsables que els d'abans, i segon, si és que es vol insinuar que tot s'arreglaria només amb el fet de tornar-s'hi a posar. I és que, més que d'una dimissió, potser s'hauria de parlar d'una *derrota*. El que hi ha són pares derrotats per les circumstàncies.

Les causes de la derrota

Analitzem, doncs, les causes de la derrota. Des del meu punt de vista, allò que ha passat en el transcurs de les darreres dues o tres generacions és que s'ha produït una ruptura radical en la transmissió dels coneixements teòrics i de les rutines pràctiques lligades a l'educació dels fills. S'han perdut les referències de les maneres de fer que abans s'aprenien familiarment i que orientaven l'exercici de la paternitat d'una forma, diguem-ne, quasi automàtica i poc reflexiva. La nostra societat ha canviat tant que els vells models educatius, útils en una societat més tancada, més estable i més homogènia, ara són pràcticament inservibles.

Però no només han envellit les maneres d'educar, sinó que també s'hi ha d'afegir les conseqüències de la ruptura que es va produir entre pares i fills en la generació anterior, allò que es coneixia amb el nom de *conflicte generacional*. Aquella ruptura va accelerar la crisi de les antigues maneres de fer sense tenir-ne de recanvi, i ha acabat de deixar els pares d'ara –aquells joves fills rupturistes dels anys seixanta i setanta– sense projectes educatius: ni vells, ni nous.

Així, s'ha acabat el temps en el qual els pares podien fer de pares refiats de la bondat dels *bons costums*, i per tant, sense haver-hi de pensar gaire. Per a la generació anterior, fer de pare o mare correctament era, senzillament, fer allò que *s'havia de fer*. Uns bons pares, socialment parlant, eren aquells que no discutien els costums acceptats per tothom. És clar que també hi havia petites diferències, segons les diverses categories socials, tradicions familiars i les conviccions i particularitats personals dels pares. Jo bé recordo que, a casa, els meus pares es qüestionaven les maneres d'educar d'alguna altra família. Però l'acceptació resignada de la categoria social a què es pertanyia i una relativa estabilitat en les referències ideològiques i morals, permetia saber quina havia de ser la pròpia manera de fer. I, d'altra banda, les discrepàncies que en aquell moment hi podia haver, a hores d'ara ens semblarien realment minúcies al costat del veritable desgavell actual.

Ara, doncs, la manca de models educatius no afecta només els grans principis i els grans valors en els quals es vol educar, sinó que sobretot la desorientació es manifesta en el terreny més pràctic de la vida de cada dia. És a dir, la desorientació es concreta en cadascuna de les decisions més quotidianes que prenem. Els pares no saben fins on cal imposar unes normes –ni quines– lligades al fet de vestir *correctament*, o de menjar *adequadament*, o sobre l'hora d'anar a dormir o les maneres de parlar. Ni saben què es pot permetre en les formes de relació entre els mateixos membres de la família. I el problema no és només que a uns pares els costi arribar a prendre una decisió sobre tot això, sinó que, sigui quina sigui, la seva decisió ràpidament entrarà en conflicte amb la decisió del veí, amb la dels altres amics que també són pares o amb la dels pares dels companys del fill.

Encara recordo el dia que un dels nostres fills havia anat, per primera vegada, amb cinc anys, a dinar a casa d'un amic d'escola. A casa, érem –i som– dels que no deixàvem dir paraules gruixudes, emparats en l'argument d'un «això no es diu» genèric i convincent mentre el nen no n'ha pogut comprovar la veracitat. Doncs bé: el nostre fill, de tornada a casa, en obrir-li la porta –i amb el pare de l'amic que l'havia acompanyat encara a l'entrada– el primer que va dir va ser: «El pare del Jordi tota l'estona diu *hòstia*!» En el seu descobriment hi havia la constatació empírica que «allò que no es diu», sí que es deia. I a més –potser només m'ho va semblar a mi– vaig notar en la protesta del meu fill un to de retret per una mentida dita pels pares, quan se suposa que no se n'han de dir. Aquest és el problema: quina és la bona norma? I, fins i tot si renunciem a establir una bona norma per a tothom, com mantenir la que un ha pres com a pròpia si és fàcilment contestada per l'entorn més immediat?

Ser espontani

Crec que aquesta desorientació, lligada a la dificultat per precisar unes formes d'educar, ha afavorit el desenvolupament d'una certa concepció de l'educació que defensa i justifica l'espontaneisme. L'espontaneisme diria: «si no és possible posar-se d'acord en unes maneres de fer, convertim l'absència de normes en la manera de fer en la què estarem tots d'acord». És a dir, seria una mena de relativisme educatiu convertit, paradoxalment, en norma coactiva. Si es vol, seria una seqüela d'aquell «prohibit prohibir» del maig francès del 68, tan suggeridor com contradictori. Però alerta: no ha estat la valoració teòrica de l'espontaneïtat allò que ha provocat la crisi de models, sinó el contrari: l'espontaneisme ha estat la manera d'emmascarar l'absència de models i de fer de la fatalitat, virtut. La manca de criteris educatius s'ha volgut fer passar com l'únic bon criteri a seguir.

L'espontaneisme educatiu, però, és un pou del qual és difícil sortir-ne. Tal com assenyalava Josep Maria Espinàs a la revista *Escola Catalana*: «Hi ha hagut durant massa anys una dignificació excessiva –gairebé moral– de l'espontaneïtat, i la consegüent desqualificació de la formalitat. La informalitat seria creativa, la formalitat, no.» Però Espinàs desemmascara el parany: «L'espontaneïtat és una qualitat impulsiva que no serveix com a eina d'aprenentatge. Només amb l'espontaneïtat, no és possible la maduració vital, cultural, intel·lectual i cívica. A través del domini de les formes sí que és viable la creativitat, però no sols l'artística [...]. Les exigències formals ens vénen de fora, i per això són educatives.»

La qüestió plantejada per Espinàs té relació, també, amb la confusió entre la llibertat i la mera autonomia personal. Alexis de Tocqueville, fa més de cent cinquanta anys, ja advertia que si en la societat moderna que ell veia arribar, la recerca de la llibertat es confonia exclusivament amb l'autonomia personal, el resultat seria una insatisfacció i una ansietat terribles i insaciables. I és que la llibertat no es pot confondre amb l'espontaneisme associat a la manca de criteris i, per tant, a l'absència de límits en les maneres de fer. Si confonem llibertat amb absència de límits, si busquem la llibertat en una més gran autonomia personal, l'únic que aconseguirem és una profunda i permanent insatisfacció.

Deixeu-me posar un exemple de tot això en un terreny poc propens al catastrofisme moral. Els hàbits alimentaris, visibles i fàcils d'objectivar, són un bon exemple d'aquesta enfonsada dels vells costums i de la impotència de molts pares per imposar noves formes. Recordeu quines eren les normes bàsiques en generacions anteriors, si més no, en les classes modestes? Menjar de tot; menjar tots el mateix; menjar només les racions previstes; acabar-se tot el que es tenia al plat; no començar a menjar fins que tothom s'hagués assegut a taula; no aixecar-se de taula fins que tothom hagués acabat; demanar-ho tot amb un *sisplau* i dir sempre *gràcies*; no prendre el tall més gran; no deixar cap rosegó de pa...

Doncs bé, les condicions econòmiques que havien fet de la modèstia social una virtut i que obligaven a una alimentació molt calculada per poder arribar a final de mes, han desaparegut. Ara, en canvi, estem immersos de ple en una situació, en termes generals, d'abundància. El resultat és que molts dels nous pares per als quals el cost de l'alimentació bàsica no representa cap problema econòmic, han perdut les referències normatives tant pel que fa a la dieta –la pròpia i la dels fills– com també pel que fa a les formes de sociabilitat en els àpats. El problema, ara, és com comportar-se ordenadament en una situació d'abundància. El problema és que, pel que fa als costums alimentaris, predomina el caprici i l'aviciament. El problema dels hàbits alimentaris actuals ja no és només una qüestió de mala educació en general, sinó directament un greu problema sanitari que tindrà costos importants d'aquí a uns anys, quan es recullin les conseqüències d'unes dietes desequilibrades.

Una nova situació

I tornem al principi: els pares d'ara són, com a pares, moralment pitjors que els d'abans? La meva observació és que la pregunta no té resposta perquè està mal feta. L'observació atenta dels canvis en les condicions de vida ens fa adonar que algunes de les virtuts d'*abans*, en el fons, potser naixien de la necessitat –i de la tradició– més que no pas de la reflexió i la coherència moral. Una altra cosa és que, com també fem ara, de la necessitat se'n fes virtut, de manera que els costums s'embolcallessin amb un discurs moralista per tal que quedessin socialment legitimats. Però és cert que, en el cas de l'alimentació que abans esmentava, si més no, les estretors econòmiques donaven lloc a conductes dietèticament i socialment més racionals que l'abundància d'ara, i no pas per una més gran responsabilitat sanitària.

Com tantes vegades, la paradoxa s'imposa: ara ens adonem que quan les possibilitats d'escollir els aliments eren molt limitades, en general, cada individu menjava amb tota la variació que les circumstàncies li permetien. En canvi, ara que hi ha una varietat quasi infinita en les possibilitats de triar aliments, la tendència individual –especialment de nens i nenes– és la de reduir de manera radical i perillosa el ventall de gustos, tal com confirmen els estudis mèdics que s'han fet. I el que dic de l'alimentació es pot fer extensiu a les joguines, els objectes d'ús quotidià a casa, a l'escola i al carrer, als gustos musicals, a les formes de lleure, etc.

Aquesta és la qüestió: hi ha hagut una ruptura amb la tradició de normes de la generació anterior, però no es disposa de nous models que les substitueixin. Per tant, no som davant d'una dimissió educativa que es pugui explicar només per una conducta moralment culpable, per raons de comoditat o displicència. Allò que hi ha són unes noves i grans dificultats per educar, diferents de les de generacions anteriors, i per a les quals no tenim respostes. Unes noves dificultats que s'agreugen per tres raons. En primer lloc, els pares d'ara, a l'hora d'educar, es troben amb moltes més decisions per prendre, la resolució de les quals és oberta i incerta. Això és degut tant a la manca de referències que abans comentava, com especialment al fet que constantment es produeixen noves situacions educatives imprevistes i desconegudes, sobre les quals no hi ha cap experiència acumulada ni criteris per interpretar-les. Si en trenta anys encara no hem après a domesticar la televisió, què no ha de passar si en la darrera mitja dotzena d'anys han entrat a casa l'ordinador, la consola de videojoc, Internet i els telèfons mòbils?

Manar

Un segon fet que agreuja el problema de l'absència de models educatius és que l'autoritarisme, com a instrument de coacció, d'encarrilament de les criatures, ha deixat de ser efectiu. No dic l'autoritat, que segueix sent una referència clara en tota estratègia educativa, sinó l'estricta capacitat de fer obeir una ordre com a resultat d'una imposició arbitrària. És a dir, la possibilitat de *manar*, amb independència de tota argumentació. Ara, l'autoritat de pares i mares, mancada de la justificació dels models de referència que li donaven suport –el famós «tothom ho fa així»–, s'ha de refugiar gairebé exclusivament en l'exemplaritat dels mateixos progenitors. Fins i tot una autoritat argumentada, atès el marc de confusió regnant, és insuficient per sostenir un criteri determinat. Tot sembla opinable i, per tant, més que no pas a la coherència argumentativa, l'autoritat només pot recórrer a la coherència de les actituds personals.

Oferta desorientadora

En tercer lloc, la ruptura amb una tradició de maneres de fer, ha abocat els pares a actuar amb una *intel·ligència experimental,* carregada de proves i errors, en revisió permanent, amb moltes possibilitats de fer dels pares uns eterns cagadubtes i uns tastaolletes educatius. Com que es té pressa a trobar sistemes eficaços d'encarrilament de les criatures, la manca de paciència fa provar-los tots. Per exemple, gairebé des del primer dia, una criatura que acaba d'arribar al món, passa per tots els sistemes d'alimentació: la primera setmana, la imposició d'un horari regular i estricte de mamar que ha suggerit la pediatre de l'hospital; la segona setmana, i a la primera resistència del nadó a ser domesticat, s'aplica la llibertat absoluta d'horaris que ha defensat un amic progre que no té fills, però que ha llegit molt sobre el tema; la tercera setmana, davant el caos alimentari en què s'ha anat a parar, se segueix un criteri mixt que suggereix l'expert del darrer número de *Ser padres*. I així anar fent...

Vull dir que a la indecisió dels pares, ara cal afegir-hi la constant interferència de noves autoritats de legitimitat dubtosa i d'orientació contradictòria. L'ofici de pares, com he dit, abans era d'aprenentatge automàtic mentre que ara s'ha omplert d'escoles, cursets i cicles de conferències, d'associacions de mares i pares, de programes de televisió educatius, de solucions educatives radiofòniques, de revistes que ensenyen a ser pares... i de llibres sobre educació, com aquest. I tot això ha donat feina a experts –pediatres, psiquiatres, psicòlegs, sociòlegs, dietistes, pedagogs, sexòlegs i a una llista interminable de subespècies de professionals, els quals sempre estan disposats a confiar-nos els seus consells, carregats d'a prioris morals i, sobretot, de contradiccions pràctiques. Al final, costa saber fins a quin punt tota aquesta oferta d'experts és només la conseqüència d'un malestar educatiu generalitzat, o si la seva presència no ha contribuït, malauradament, a augmentar-lo de manera exponencial.

M'adono perfectament que el meu llibre s'afegeix, no sé si a l'augment del malestar, però com a mínim a la seva constatació. Tanmateix, i sigui dit en defensa pròpia, al contrari del que sol ser habitual, la meva intenció és desdramatitzar el malestar. No pas en el sentit de voler-ne ignorar la gravetat, no. El que voldria és despullar-lo de connotacions morals culpabilitzadores pressionants, que són, a més d'injustes, incapaces de resoldre res. De fet, per tal que la culpabilització moral fos efectiva, caldria que la pressió fos exercida per una majoria social i que anés dirigida a una minoria *desviada* de la norma. Ara bé, quan la *desviació* és general, la pressió només es podria fer si provenia d'una elit reconeguda com a especialment capacitada per dictar normes morals. I aquesta elit no només no existeix, sinó que els únics referents socials dels quals avui dia disposen les majories socials són els que es constitueixen en *star system* –actors, cantants, triomfadors de les finances, etc.– que, com a educadors, de l'únic que poden ser model és de la mateixa desorientació. I, d'altra banda, vull desdramatitzar el malestar proposant una anàlisi de les causes, de manera que es pugui passar d'assenyalar *qui en té la culpa* a *quina és la causa*, i per tant, sense donar solucions concretes, apuntar allà on hi ha l'avaria.

La manca de models

Educar és transmetre, sobretot, maneres de fer per tal de saber donar una resposta ordenada i plena de sentit a les dificultats que planteja la vida de cada dia. Per tant, no es tracta principalment d'ensenyar reglaments escrits, de fer estudiar manuals amb sistemes de normes morals o de fer creure en valors abstractes. Al contrari, els models, les maneres de fer, s'aprenen com a estils de vida i com a sistemes pràctics de resolució de problemes. De manera implícita, sense que es noti, és veritat que els estils de vida reflecteixen regles de joc, sistemes de normes morals i valors abstractes. Però amb una coherència més aviat pràctica que no pas una coherència lògica.

La imatge que hauríem de tenir d'un educador no és la del professor que fa classe, sinó la de l'entrenador que ensenya a jugar a un esport. De la mateixa manera que no és més bon futbolista qui se sap millor el reglament oficial de futbol, sinó qui està més entrenat, també podem considerar que estarà més ben educat qui se sap comportar de manera eficaç en societat que no pas qui s'ha après de cor els principis morals que justifiquen aquest comportament eficaç. Per tant, un educador és un entrenador i, si vol tenir resultats, no li queda més remei que córrer al costat de l'aprenent. Un educador no pot dimitir de la feina de transmetre unes o altres maneres de fer, cal que s'atreveixi a imposar-les si és que vol actuar responsablement.

He dit que quan la societat era més homogènia, perquè vivíem tancats en mons més petits, no hi havia gaire opcions a l'hora de triar com educar la descendència. Els models educatius a transmetre eren els models acceptats, els coneguts, els viscuts. Però les migracions i les experiències multiculturals d'avui, la mobilitat amunt i avall per l'escala social i aquí i enllà del territori, les noves possibilitats econòmiques, les finestres dels mitjans de comunicació que ens mostren l'exterior, l'increment de la formació escolar, el pluralisme ideològic i tants altres processos oberts, fan confluir maneres de fer diferents i barregen estils de vida.

I aquesta diversitat porta cap a un relativisme on tot sembla igualment possible i legítim. Els models han desaparegut com a tals i, en conseqüència, també desapareix la cobertura ideològica i moral que els justificava. Ara, sense models, totes les maneres de fer semblen possibles, al marge de les seves conseqüències pràctiques que tampoc no es coneixen. Ara no hi ha criteris morals –amb base ètica o simplement lligats al costum– per triar uns o altres estils de vida, més enllà de les propostes poc o molt contradictòries que ens arriben a través de la ficció televisiva i cinematogràfica o de la publicitat.

Maneres de fer confuses

Aquesta confusió de maneres de fer també es fa extensiva als procediments que fins ara s'havien utilitzat per imposar el poc que quedava per transmetre. Les formes de coacció tradicionals ni són ben vistes, ni són operatives. Si sou en un supermercat, podeu observar-ho: els pares no saben com fer creure la criatura que tomba piles de llaunes o que demana –o agafa pel seu compte– l'última versió abusivament cara d'un producte làctic anunciat a televisió. Si els pares l'escridassen o se'ls escapa un mastegot, la resta de clientela els mirarà amb cara de censura. Però si deixen fer, la clientela buscarà amb la mirada qui són els pares irresponsables d'aquella criatura malcriada. Generalment, el resultat és que la criatura acaba imposant els seus capricis després de permetre's el luxe de rebutjar els diversos intents de suborn –«després et portaré a jugar al parc», «si calles et compraré un gelat»...–, i d'ignorar una multitud d'amenaces impossibles de creure –«la mare no t'estimarà mai més», «mai més no et deixaré venir a comprar», «aquesta tarda no et deixaré veure els dibuixos»...–. I, a més, aboca pare i mare a un intercanvi recíproc de mirades desafiadores i de paraules carregades de retrets acusadors per la poca capacitat per imposar-se i de ser el culpable d'haver malcriat la criatura.

Amb data de caducitat

Convé adonar-se, també, que la manca de models educatius no pot ser considerada, en cap cas, el problema particular de cada família. La mateixa idea de *model educatiu* suggereix que té una bona acceptació social. És clar que és possible conèixer casos particulars de parelles que, en un esforç titànic d'elaboració reflexiva, generalment ajudades per les seves habilitats intel·lectuals i culturals, hagin aconseguit inventar un estil de vida prou aïllat de l'entorn general i que l'hagin pogut transmetre als fills. Alguns intel·lectuals, escriptors o artistes, gent dedicada professionalment a la reflexió, amb prou recursos econòmics i amb grans habilitats per construir mons familiars originals, han estat capaços de crear estils propis i de mantenir-los contracorrent de les maneres de fer de la majoria. Fins i tot, és possible que els hagi funcionat bé una bona colla d'anys. L'extraordinària dedicació en temps i, sobretot, una gran inversió afectiva, en aquests casos, és tan ingent com digna d'admiració.

Tanmateix, la manca d'experiència prèvia fa que ningú no pugui garantir els resultats d'aquests experiments i hi ha casos que, malgrat tota la dedicació, intel·ligència i bona voluntat, el desenllaç voreja la catàstrofe. A part d'això, aquesta és una opció que no es pot transmetre a ningú més i on els models costosament elaborats moriran amb els que els han inventat. Són maneres de fer que porten data de caducitat: la de la independització dels fills, que poques vegades estan en condicions –ni en tenen cap ganes– de repetir un model exclusiu nascut d'unes circumstàncies molt particulars i que ja no són les seves.

Ara bé, per a la majoria de persones és difícil imaginar la invenció d'aquest tipus de models educatius construïts a mida. Una construcció que seria fruit d'un bricolatge intel·lectual d'aquells que havia pronosticat fa uns anys la sociologia francesa, en un rampell insòlit d'optimisme, quan s'imaginava una societat feta tota de ciutadans culturalment emancipats. Els models socials, ja ho he dit, necessiten un suport social generós i una mínima coherència d'objectius i de metodologia. En canvi, la barreja de despropòsits i confusions que a vegades constitueix l'*estratègia* involuntària educativa d'alguns pares, no pot pas ser considerada com un *model* educatiu. A més, la manca d'unes maneres de fer coherents no apunta a una educació més oberta i en llibertat. Tot al contrari, les maneres de fer confuses, a més a més de ser també coercitives, en lloc d'obrir possibilitats d'elecció als fills, els deixen especialment indefensos davant de les influències exteriors. Un individu sense criteris és carn de canó dels qui viuen d'imposar els seus, de criteris.

El problema del sentit

La qüestió dels models educatius, a més de ser un problema d'ordre, també és un problema de sentit. L'ordre i el sentit són dues cares de la mateixa moneda. I un model educatiu ha d'ordenar l'experiència quotidiana i alhora li ha de donar sentit. No pot fer una cosa sense l'altra. Una experiència ordenada sense sentit seria viscuda com una imposició arbitrària i absurda. I una manera d'entendre la vida que no tingués cap traducció pràctica en maneres de fer, esdevindria mera retòrica. Per tant, si hi ha crisis de maneres d'educar, la conseqüència immediata és que també hi ha crisis de sentit en l'experiència vital de les persones. Quan els models desapareixen, desapareixen les justificacions morals que els acompanyaven.

Tinc a mà una oració escolta, la *Pregària per fer camí*, que és un exemple de justificació moral, en aquest cas d'orientació cristiana, d'una manera de fer. Diu:

Senyor Jesús,
que vinguéreu al món per salvar els homes
i ensenyar-los de ser bons i fer el bé,
ensenyeu-nos de ser sempre generosos,
d'estimar-vos i servir-vos com vós mereixeu,
d'estimar i servir els altres per amor a vós,
d'estimar i servir la pàtria més que a nosaltres mateixos,
d'ajudar els seus fills a tractar-se amb cor de germans,
de no tenir por de cap esforç
ni sacrifici pel bé dels altres,
de donar-nos sense miraments,
de treballar no pensant en el repòs i en el plaer
i de no cercar altra recompensa, sinó la de saber que fem sempre la vostra santa voluntat. Amén.

Aquesta pregària, com es pot veure, atribueix un sentit religiós i transcendent a un determinat estil de vida que estableix normes i maneres de fer educatives. No cal dir que, en una societat cada vegada més agnòstica i indiferent a les religions tradicionals, aquesta proposta de sentit els pot sonar, a molts, amb tota propietat, a música celestial. I no només per la justificació religiosa de les normes, sinó pels mateixos estils de vida proposats: això de no tenir cap por de l'esforç, de valorar positivament l'actitud de sacrifici o de treballar sense pensar en el repòs i el plaer, per exemple, queden molt lluny de les sensibilitats actuals. Però la qüestió és: es poden seguir unes determinades normes socials, les que siguin, uns models i maneres de fer, sense saber quin sentit tenen més enllà de fer-les? El problema de l'educació, en definitiva, és també un problema de sentit de la vida. Una manera de fer és una manera d'entendre el món, i una manera confusa de fer suggereix una manera confusa d'entendre el món.

En resum, vet aquí la llista de dificultats a l'hora de disposar de models educatius: a) que puguin ser mínimament compartits i no siguin estrictament privats; b) que es tinguin mecanismes eficaços de coacció per tal d'imposar-los, i c) que tinguin sentit, de manera que a més de resoldre problemes pràctics, mantinguin una certa coherència global i una orientació final. Ja sé que no podem perdre de vista que, amb tot, en una societat com la nostra, i a diferència d'abans, cal aprendre a viure amb un considerable grau d'incertesa. Però la incertesa no pot deixar-nos paralitzats i, tard o d'hora, cal escollir unes o altres maneres de fer. L'educador ha d'adonar-se que si renuncia a tenir i a imposar la seva manera de fer, tant ell com els seus fills acabaran sotmesos a un trencaclosques de maneres de fer imposades interessadament des de fora.

El sentit, abans, venia donat. Ara s'ha de buscar. Aquesta és una nova feina de l'educador que abans no tenia. I això és així fins i tot per als que es mantenen fidels a les maneres de fer tradicionals i a les seves justificacions de sempre, perquè també en el seu propi àmbit es reprodueixen els mateixos problemes. Una educació cristiana, per exemple, avui tampoc no s'escapa del repte de respondre preguntes com ara què vol dir ser cristià; a què obliga; quin cas cal fer de les autoritats eclesiàstiques; com es pot transmetre la fe; com se'n pot parlar de manera que la fe sigui comprensible per a la nova generació, etc. La fe en un déu cristià ja no és una convicció de pedra picada, ja no en té prou amb allò que se'n deia la fe del carboner, sinó que és una aposta tant o més arriscada que la d'una educació agnòstica o atea. Ara, l'alternativa ja no és entre fe religiosa o agnosticisme o ateisme. Ara, l'alternativa és entre qualsevol d'aquestes apostes, igualment arriscades, o l'abandonament dels fills a la credulitat acrítica, plena d'horòscops, espiritismes, parapsicologies i desenes de supersticions modernes.

La família, i tots els altres competidors

La dificultat d'adherir-se o de sentir-se vinculat a uns models i estils de vida, com acabo d'explicar, certament té a veure tant amb l'existència d'una gran pluralitat d'opcions com amb l'absència de cap opció clara. Però a més d'haver de triar, també hi ha la qüestió de com es podrà fer front a les altres institucions competidores amb la família.

Perquè, si uns pares finalment s'arriben a decidir per unes maneres de fer determinades, no es pot oblidar que les famílies no són, educativament parlant, unes illes. I, per tant, les famílies entren en competència amb altres institucions que també volen participar en l'educació de les noves generacions. Algunes d'aquestes institucions són molt properes als pares i, encara que teòricament haurien de ser bones col·laboradores, solen plantejar-los dificultats. En altres casos, es tracta d'institucions que hi competeixen a la contra i que es comporten com a veritables adversaris.

Els competidors «amics»

Entre les institucions *amigues*, en primer lloc, hauríem de parlar de la mateixa família, en el sentit ample del terme. Efectivament, avui dia, els avis –i encara més els germans, cunyats, cosins, nebots i tota la parentela– poden ser més un motiu de desorientació educadora que no pas una guia. Possiblement, un bon expert ens podria detallar tota una nova psicopatologia en la relació entre avis, pares i fills, causada per les noves formes de relació familiar. A grans trets, els conflictes solen venir tant per la creixent autonomia d'avis, pares i fills, com també per les intromissions recíproques en aquesta autonomia. Des de l'àvia que s'emancipa dels fills per viure al seu aire, passant per l'avi que acaba més lligat als horaris escolars del nét que no ho havia estat mai als dels seus propis fills; des de la mare que ha d'aguantar la permanent desautorització que fa l'àvia dels criteris del pediatre, fins a l'avi que aprofita que no hi ha els pares per ensenyar a resar el *parenostre* al nét, tot són situacions que dibuixen un panorama que ha arribat a convertir el clàssic *joc dels disbarats* –«per aquí m'han preguntat i per allà m'han respost»– en el fonament de la quotidianitat familiar. I aquí ho esmento amb humor, però he de dir que sol viure's com a font d'infelicitat, d'incomprensió i de poca estimació.

L'altra institució *amiga* que és, tanmateix, una competidora de la família, és l'escola. Abans he parlat dels problemes derivats dels traspassos de competències d'una a l'altra. I he esmentat la crisi de confiança que ha generat. A l'escola i la família els podria unir, a més de la factura, l'Associació de Mares i Pares d'Alumnes i el Consell Escolar, el fet que han d'anar a contracorrent d'unes altres influències externes que, més que afegir-se a l'educació dels fills, l'entorpeixen.

Ara bé, tot i aquesta coincidència bàsica en els objectius, els estils de vida i les maneres de fer que ha afavorit l'escola de les darreres dècades poques vegades han coincidit amb els dels pares. I, a més de no coincidir, s'han envaït mútuament el terreny. Amb la idea que l'escola no es limités a transmetre coneixements sinó que eduqués de manera global, forçosament havia d'entrar en allò que era el vedat privat familiar. I, recíprocament, en la mesura que els pares han abandonat terrenys educatius per esgotament, l'escola se n'ha hagut de fer càrrec.

Alguna vegada, humorísticament, ho he explicat amb una anècdota personal autèntica: vaig prendre consciència de la *gravetat* de la invasió de l'escola a la família el dia que em vaig adonar que un dels meus fills es cordava les sabates segons una tècnica adquirida a l'escola que jo no li havia ensenyat. L'escola m'estava trepitjant el terreny i calia reaccionar... Però, més seriosament, he sentit explicar moltes vegades que hi ha pares que deixen el fill a dinar a escola per tal que el facin menjar de tot, perquè a casa no se'n surten. Traslladat el conflicte a qüestions de més gruix, la intervenció educativa de l'escola en terrenys propis de la família –sigui per invasió d'uns o per renúncia dels altres– ha accelerat la crisi de models tradicionals familiars, sovint sense oferir recanvis que funcionessin. També conec molts pares i mares, que poc o molt justament, retreuen a l'escola de fa un parell de dècades que els culpabilitzés pel fet de voler mantenir certes pràctiques educatives coercitives en nom de la creativitat o l'espontaneïtat. Amb raó o sense, ara lamenten haver-ne fet cas.

Els veritables competidors

A l'altra banda, hi ha els veritables competidors, els adversaris no en les maneres de fer, sinó en els objectius. Aquells que, com ara la televisió, més aviat són vistos com a poderosos esgarriacries. A la televisió ja li dedico un capítol propi, i ara hi passaré gairebé de llarg. Però a més de la televisió, entre aquests competidors de la família, hi hem d'afegir bona part de la cultura popular, la publicitat, el món dels diners i els negocis o el món de la política i tots els valors que traspuen. La gran força d'aquests mons és que els mateixos pares en formen part de manera ben poc crítica. Molts pares i mares distingeixen entre el món real, que accepten fatalment com és, i un món a part que és el de l'educació, que creuen que s'hauria de mantenir en el pla d'allò que és desitjable. A ells els toca viure el món de veritat, i voldrien que el fills, tant com fos possible, es mantinguessin en l'altre. Però els fets van d'una altra manera. El món de la publicitat, el consumisme, els negocis o la política no entren a casa d'amagat dels pares, sinó amb els pares. I hi entren quan volen un automòbil per lluir o quan perden l'oremus en unes rebaixes. Es tracta d'uns pares que alhora que enyoren una educació sense contaminació per als fills, ells mateixos els traspassen aquests valors contradictoris en els quals participen activament.

En general crec que, davant de la competència que troba la família en les seves responsabilitats educatives, les reaccions a la defensiva no fan altra cosa que fer visible la pròpia feblesa i, sense voler, accentuen la crisi. Per tant, no crec que sigui donant les culpes a tots els competidors que la família pot preservar millor allò que amb prou feines si encara conserva. I menys, si els competidors entren a casa no pas a través d'una televisió enemiga, sinó incorporats amb els estils de vida dels mateixos pares i mares. Al contrari, l'activació de la responsabilitat educativa familiar demanaria, primer, l'elecció de models tan clars i tan coherents com fos possible; segon, la construcció d'un espai de vida familiar diferenciada de l'exterior i amb una identitat pròpia i confortable, i tercer, una actitud crítica dels adults respecte dels competidors directes dels models que ells han escollit com a bons.

Pel que fa a l'elecció de models, és indispensable una actitud reflexiva, coratjosa i esperançada. En relació amb la construcció d'un espai familiar, l'exigència bàsica és dedicar-hi temps i afecte. I pel que fa a la crítica dels competidors, es tracta de mantenir actituds a contracorrent, que mostrin als fills que és possible parar-hi resistència, i viure aquesta resistència no pas amb un sentiment de víctima, sinó com una afirmació personal.

Conflictes, sentiments i malentesos

Potser en allò que menys es pensa quan es parla de models i estils de vida per transmetre en l'educació és en les formes de sentir, en les maneres de viure els sentiments i les emocions que hi van associades.

El fet que els models educatius, les maneres de fer, els estils de vida, no es transmetin teòricament, com un coneixement explícit i sistemàtic, sinó a través d'una pràctica repetida una i cent vegades, pot explicar que aquesta dimensió emotiva de l'educació passi tan desapercebuda. Tanmateix, per poc que s'hi pensi, és fàcil adonar-se que aquesta dimensió oculta és fonamental en tot procés educatiu: ni seria possible transmetre la confiança que necessita l'educació sense cap mostra d'afecte, ni hi ha res tan eficaç com una abraçada afectuosa a l'hora de transmetre l'autoestima necessària per créixer.

Darrerament s'ha començat a parlar dels sentiments, seguint la moda imposada per l'expressió popularitzada pel títol d'un llibre nord-americà: *la intel·ligència emocional*. És cert que els nord-americans sempre acaben parant atenció als aspectes més utilitaris d'allò que estudien. I, en aquest cas, l'atenció a la intel·ligència emocional i l'interès que ha desvetllat prové d'una constatació: l'autor del llibre, Daniel Golemann, i altres científics, han demostrat que no n'hi ha prou amb una gran intel·ligència per tenir èxit social i professional, sinó que cal tenir un bon domini i una bona capacitat de gestió de les emocions. Què en farem, d'un fill amb un gran èxit acadèmic, si és una persona que estableix males relacions amb els equips amb què ha de treballar? I no només això, sinó que el mateix rendiment acadèmic depèn estretament d'un equilibri afectiu i d'una estabilitat emocional prèvies.

El malestar sentimental

Més enllà dels aspectes pràctics, m'interessa destacar el paper dels sentiments en relació amb l'afirmació que tot model educatiu porta afegit, també, una manera de viure els sentiments i d'ordenar-los. Perquè, en la crisi actual de models, hi ha també una estreta correspondència amb la situació d'uns sentiments deixats de la mà de Déu. Com passava amb l'alimentació i els costums dietètics de què abans parlàvem, es tracta d'uns sentiments que no estan prou ben domesticats i que s'expressen salvatgement, sense capacitat per controlar-los i, generalment, de la manera més pobra possible.

Hi ha algunes dades que, de manera senzilla, poden revelar aquest malestar sentimental que es deriva de la manca de models culturalment ben elaborats per saber-se emocionar d'una manera socialment adequada. I entenc per adequat, en aquest cas, que no donin lloc a malentesos.

D'una banda, crec que és significatiu del que dic l'èxit dels programes televisius que exploten una sentimentalitat primària, que faciliten la llagrimeta fàcil d'un espectador abandonat incondicionalment i acríticament a l'espectacle que li proposen. L'abundància i bona acceptació d'aquestes emissions mostra aquesta situació d'irregularitat en la gestió dels nostres sentiments. Des del meu punt de vista, aquest tipus de programes s'han de qualificar de *pornografia sentimental*. Efectivament, els seus productors s'aprofiten d'una situació de repressió dels sentiments, causada per la incapacitat d'ordenar-los d'una manera positiva i productiva, i converteixen l'espectacle d'una sentimentalitat pobra i primària en una ocasió per exhibir emocions en brut que alleugeriran la insatisfacció del públic. Exactament el que passa amb la pornografia sexual.

La persona que té una mala relació amb els germans o els pares, amb qui ja no es fa ni sap per què, o aquells pares que viuen ignorant el desengany amorós del seu fill adolescent, són capaços d'emocionar-se i plorar per l'abraçada televisiva de dos familiars que fa deu anys que no es veien i que li són absolutament desconeguts. O, aquells matrimonis que ja no són capaços de dir-se que s'estimen sense sentir-se incòmodes, poden quedar-se davant la pantalla escoltant patètiques declaracions d'amor i desamor d'altres parelles que en la vida real tampoc no havien estat capaces de parlar sense la mediació de l'espectacle televisiu i de tota l'audiència que posa el nas en la seva intimitat. Potser sí que la *pornografia emocional* d'aquests programes pot excitar, circumstancialment, alguna emoció amagada en l'espectador. Però estic segur que la presentació televisiva manipulada dels sentiments, a mitjà termini, o acaba extingint el desig d'afectes, o afavoreix la confusió en la comunicació sentimental.

Així mateix, el fet que els sentiments, a moltes llars, siguin el darrer –i a vegades l'únic– recurs disponible per a la coacció educativa, també mostra aquesta dificultat de domesticació civilitzada dels sentiments. El retret sentimental esdevé la música de fons que acompanya molts, massa, intercanvis personals educatius: «Encara no *m'has* endreçat la teva habitació, i jo em passo el dia perquè tu ho trobis tot a punt»; «No em passo pas el dia treballant per mantenir-te perquè ara tu *m'hagis* de repetir curs»; «Cada setmana *em fas* el mateix, i jo no me'n puc anar a dormir de tant que pateixo fins que no tornes a casa».

I no podem oblidar la famosa salutació que cada dia dirigeixen el pare o la mare al fill, quan arriben a casa: «Ja has estudiat, avui?», i que recorda al fill o a la filla, també diàriament, que els uneix una profunda... desconfiança. Més d'una vegada he pensat què sentiríem els pares i mares si en arribar a casa després de la jornada de treball, cada dia, els fills ens preguntessin, amb aquell mateix to que ho fem nosaltres: «Què, ja has treballat, avui?»

El retret, com a principal forma d'intercanvi sentimental, fa molt difícil el diàleg i empobreix la mateixa relació familiar. Especialment els àpats, en moltes famílies, són una lletania de retrets fins que s'engega la televisió per aconseguir que hi hagi una mica de pau. El problema és que el retret delata una desconfiança prèvia, pressuposa mala intenció en el fill o la filla i recorre al xantatge emocional per modificar l'actitud que es considera inadequada. El retret és la vulneració en l'àmbit domèstic del principi de la presumpció d'innocència.

L'error de la coacció

L'error de posar la coacció sentimental al servei de la modificació de les conductes i les actituds és que, d'una manera confusa, inverteix els termes del que hauria de ser una relació correcta. L'afecte ha d'acompanyar la imposició de normes educatives, però ha de conservar el seu valor incondicional. És inacceptable, per exemple, que uns pares diguin al fill que si no deixa de marranejar al mig del carrer ja no se l'estimaran més. Hi ha, primer, la desproporció de l'amenaça. Després, es condiciona un tipus de conducta a la por de perdre l'estima i no a la dimensió positiva del domini sobre el propi comportament. Finalment, es banalitza un sentiment que ha d'estar per sobre d'una simple rebequeria. L'afecte incondicional dels pares és la condició prèvia sobre la qual es basteix una relació positiva i que permet la imposició d'una norma als fills. Però no pot ser que, en el compliment de la norma, el fill hi acabi buscant l'afecte dels pares en lloc de l'aprovació social que li hauria de proporcionar.

Des del punt de vista de l'educador, doncs, el primer pas és saber que també la sentimentalitat s'educa a través de les maneres de fer i els estils de vida, i que és la base no només de l'èxit professional, sinó de la bona relació familiar, del futur de la relació de parella d'aquest noi o noia o de la mateixa capacitat de tenir amics. El segon pas, per a l'educador, és saber que el conflicte sentimental no expressa directament allò que diu, sinó que sol ser una forma indirecta, una mena de llum vermell, que pot apuntar cap a una altra direcció diferent de la que suggereix. Comprendre el conflicte, i no pas reaccionar-hi de manera primària, és la condició per desactivar-lo en una resolució positiva. Un insult, una veu fora de to, un cop de ràbia, una tristesa que no passa, no necessiten un altre insult, un altre crit, una altra enrabiada o que tots ens acabem fent morros. Demanen la capacitat de l'adult per sortir de l'espiral enverinada a què solen convidar i que no ens portarà a cap altre lloc que no sigui a una explosió sentimental incontrolada, que provoqui ferides d'efectes imprevistos.

Com molt bé expliquen els experts, la majoria de problemes de comportament en nens i adolescents són deguts a problemes de confusions i malentesos sentimentals. Sí: estic segur que una bona part dels fracassos escolars no són culpa del mal funcionament de l'escola, sinó que es podrien resoldre si els pares i els mestres sabessin com tractar aquests desordres sentimentals en els quals ells mateixos solen acabar implicats.

Suposo que el lector es farà càrrec que ara no puc tractar a fons una qüestió de la qual, a més, no sóc especialista. Simplement demano que, en el món educatiu, s'obrin camins d'anàlisi i intervenció en aquest terreny. Demano que a l'habitual psicologia escolar, centrada en la mesura de la intel·ligència, en l'estímul de les motivacions i en la detecció de problemes cognitius, s'hi afegeixin experts en els corrents que analitzen les xarxes de relacions emocionals en què podem quedar atrapats.

I és que, en molts casos, la suposada *dimissió* educativa dels pares també té a veure amb una retirada que intenta evitar un conflicte previsible que creuen que no sabran resoldre. No es volen sentir crits («no aguanto els brams d'aquesta criatura!»), no es volen veure morros («m'acaben la paciència»), no se suporten les mostres d'indisciplina que es viuen com a provocacions gratuïtes («ho fa per fer-me perdre els nervis»), etc. I davant d'això i de la incapacitat per saber-ho afrontar, abans de sentir crits, de perdre la paciència o de posar-s'hi nerviós, es plega d'educar i es deixa fer.

Per començar, rutines

Una de les coses que resulten difícils d'explicar, perquè contradiuen un cert sentit comú general, és que l'element principal de tota educació en maneres de fer és l'establiment de rutines. Tot i que el sentit ordinari de la paraula suggereix que tota rutina és un avorriment del qual és millor prescindir, si ho analitzem bé, la rutina pot tenir un altre sentit. La rutina és el mecanisme fonamental de l'organització, de l'ordre. I, en molt bona part, educar no és altra cosa que entrenar en el domini de tota una sèrie de rutines pràctiques.

De fet, el sentit habitual de la paraula –la rutina com a repetició gratuïta i sense sentit– no és gens innocent. En bona part, és alhora causa i conseqüència del malestar social de què parlem i fa clar el predomini d'un error fonamental que diu que només la novetat i la sorpresa són interessants.

La ideologia de la novetat, en contra de la mala premsa de la rutina, és especialment adequada en una societat de consum on el valor de les coses resideix menys en la seva utilitat funcional que en el seu valor simbòlic. Allò que és nou, ni que serveixi i faci el mateix que el vell, s'ha convertit en el millor, simplement perquè ens catapulta cap al reconeixement social dels que estan al dia, a l'última. La rutina, en canvi, se suposa que ens delata com a conservadors, poc amics de l'aventura, avorrits, potser fracassats i tot.

Però no és així. Si més no, en les relacions socials. Precisament, no hi ha relació social possible que no es fonamenti en la repetició, en la rutina. Per poder-nos entendre, per exemple, ens cal un llenguatge que no sigui la pura arbitrarietat. Llegiu, si us plau, el llibre de Jesús Tusón, *Com és que ens entenem?* Socialment, ens calen models socials, que no són altra cosa que pautes de comportament, que són intel·ligibles, que s'entenen, i que funcionen, com un llenguatge. És a dir, si es repeteixen i poden ser interpretats adequadament. Així doncs, com que els models, les maneres de fer o els estils de vida no són accessibles de manera abstracta, per superar aquest estadi de *dimissió* educativa, cal començar per introduir les petites rutines quotidianes a través de les quals podem començar a actuar.

Pautes fonamentals de comportament

Una de les principals rutines a revisar, des del meu punt de vista, són els horaris quotidians. Crec que són tan importants que en aquest llibre hi dedicaré tot un capítol. Però a més de repensar de quina manera ens hauríem de llevar o d'anar a dormir, o de com un horari ha d'incorporar la possibilitat de diàleg familiar, hi ha altres rutines fonamentals. Per exemple, veure televisió és una gran rutina practicada, generalment, amb tota la inconsciència. I les pràctiques pròpiament culturals –llegir o escriure, escoltar o fer música, dibuixar o visitar exposicions, parlar o anar a conferències, etc.– també s'han de sotmetre a alguna mena de rutina si és que volem que tinguin una presència en la nostra vida. I les formes de menjar s'han de convertir en rutines. I els hàbits d'higiene i salut en general. O les formes de vestir. I han de constituir rutines les nostres preocupacions ambientals, com ara l'estalvi d'aigua o la recollida selectiva de residus. O, en l'ordre de les relacions personals, què me'n dieu, de les rutines ara en crisi dels *bon dia, bona nit, si et plau, gràcies,* o *a reveure*?

Al contrari del que és habitual, voler educar amb grans quantitats de consciència i reflexivitat –com si tot plegat es pogués resoldre amb una mena de gran conversió personal–, és un error fatal d'enfocament. No porta enlloc. Al contrari, cal insistir en el fet que si la consciència no es converteix en rutina, es perd el temps. I l'avantatge d'aquesta manera de veure les coses és que, precisament, l'establiment de bones rutines no demana conversions radicals i totals, sinó que permet petits i sistemàtics avenços, d'efectes quasi immediats.

Enfocat d'aquesta manera, a més, el catastrofisme inicial d'aquella dimissió educativa, aparentment sense solució, es pot convertir en un problema soluble, precisament a través de l'establiment de rutines educatives eficients, com es diu ara. La meva proposta de treball, en definitiva, es podria titular *Cap a una bona educació a través de la rutina*. A les escoles de pares, si se'm fes cas, en lloc de conferències teòriques, s'hi podrien fer tallers per intercanviar experiències de rutines que haguessin demostrat la seva efectivitat educativa.

5
Adolescents, quins adolescents?

L'adolescència és una edat sense perfil. Més exactament: és l'edat de no tenir-ne. Aquesta absència de perfil específic la fa socialment tan incòmoda que hi ha la temptació de tractar l'adolescència com una malaltia. I encara pitjor, d'acabar parlant de les *malalties* de l'adolescència com si en fossin el tret més característic. O, a vegades –i no sé si no és encara pitjor–, com que es considera que l'adolescència és una malaltia que amb els anys es cura sola, s'abandona l'adolescent a la seva sort. En una ocasió, per a un programa de televisió sobre adolescents, em van demanar quin perfil calia dibuixar-ne. Jo vaig suggerir que es mostrés el caràcter ambigu i ambivalent, profundament contradictori, de l'adolescent: la manca de perfil, o encara millor, la seva lluita per fer-se'n un. És en aquesta arriscada i tan delicada obra de construcció personal que l'educador hi pot posar obstacles i fer-la fracassar sense voler, o pot contribuir a l'èxit de l'empresa, a la solidesa de l'edifici personal que està en joc.

A qui fa nosa, l'adolescent?

Començaré amb dues observacions generals. Primera: més enllà de la propaganda que es fa de les societats obertes i plurals, el cert és que la necessitat d'etiquetar la realitat per tenir-la tan controlada com es pugui no sembla que minvi. No és cert que ens agradi viure a la intempèrie, al contrari del que ens vol fer creure la propaganda dels que fan negoci amb les nostres desorientacions, com ara les grans empreses multinacionals que concentren els grups mediàtics, de la telecomunicació i de les indústries culturals. La gent tenim la mateixa necessitat de tocar de peus a terra i seguim fidels al deure bíblic de classificar tot allò que ens envolta, com a primer pas per provar de dominar-ho. I si no ho fem nosaltres, ens ho donen fet.

Per tant, no és que les societats tancades hagin estat substituïdes per unes societats obertes, sinó que les societats d'ara, en lloc d'estar tancades per la tradició, ho estan per les modes que imposa la cultura de massa i per la propaganda dels mitjans de comunicació. Són societats més obertes, sí, però a favor de les imposicions de les indústries culturals, no pas a favor de la llibertat individual. No ens ha d'estranyar, doncs, que la imposició arbitrària d'unes normes tradicionals de vestir, posem per cas, hagi estat substituïda per una altra mena d'imposició tan autoritària com és la moda.

Aplicant-ho al món dels adolescents, i encara que protestin si se'ls classifica per les formes de vestir, és clar que per a ells la indumentària és indicativa d'una manera de ser i per això s'hi sotmeten. I si us pareu a mirar una manifestació d'*okupes*, veureu que darrere de l'aparent informalitat del seu vestir, hi ha un sistema de normes estricte que permet identificar-los de lluny i que es reconeguin entre ells. En conseqüència, es pot dir que també a la nostra societat tot queda força ben etiquetat i, allò que no es deixa classificar fàcilment, ara com sempre, ens incomoda i ens fa nosa.

Segona observació: és precisament davant la dificultat per dominar la complexitat –d'un conflicte social, d'un canvi, d'una relació personal– que apareixen i es multipliquen el prejudicis i els tòpics que, com els anticossos, arriben per tapar qualsevol via d'aigua que s'hagi produït en la nostra realitat social. Per aquesta raó, sobre allò que és vist com a problema, s'hi abat tota mena de prejudicis, amb la intenció de posar-hi ordre. I al revés, en aquelles qüestions on plana una gran densitat de prejudicis, és segur que a sota trobarem un gran desordre social.

Doncs bé: els adolescents són una d'aquestes realitats de mal classificar, desordenades. En certa manera, la seva presència és amenaçadora, i en una societat tan oberta –tan a la intempèrie– com la nostra encara més, perquè vol dir que qualsevol ventada els pot fer tombar. Per tant, no ha d'estranyar que els adolescents siguin els que creen les més grans dificultats als educadors. Però, per la mateixa raó de la seva manca de perfil, els adolescents també són un negoci rodó per aquelles indústries de la cultura de massa que viuen de la confusió que elles mateixes creen. I ho són perquè els adolescents esdevenen uns clients gairebé perfectes de la cultura consumista, per la fàcil adaptabilitat als canvis del mercat, a les modes i als gustos.

A l'adolescent, la identitat del qual és encara mal·leable i incerta, li és més fàcil seguir l'últim crit de la moda –des del vestir al pensament– perquè les coses que cal canviar són menors, però també perquè necessita trobar fora d'ell la seguretat que encara no troba dins seu. De moment, però, deixaré de banda aquest segon aspecte de l'adolescent com a negoci de les indústries del lleure, i em centraré en el personatge que crea dificultats a l'educador.

Tòpics i prejudicis

Efectivament, l'adolescència és l'edat de la manca de perfil i, per tant, és l'edat en la qual la relació amb l'entorn es fa més difícil. Un adolescent ens pot sortir per on menys pensem i, a més, ho farà amb una manca de coherència que ens pot desmuntar qualsevol estratègia educativa prevista.

En una entrevista als adolescents del programa de televisió *Les coses com són*, dirigit per Escribano i Úbeda una noia de quinze anys podia dir, en un lapse de tres minuts, que era ecologista i pacifista, però que la seva gran il·lusió seria arribar a ser pilot de l'exèrcit. I en un altre cas que vaig llegir d'una investigació feta a Girona, la mateixa persona que s'afirmava progressista i revolucionària, podia assegurar que el seu més gran desig era tancar-se en un vaixell amb els seus amics i passar la resta de la seva vida bevent xampany.

Certament, no puc pas dir que, adults inclosos, poc o molt, no ho siguem tots, d'incoherents. Però, en els adults, com a mínim, es tracta d'incoherències *sòlides*, mentre que en els adolescents són incoherències *volàtils*. I la mateixa incomoditat que sent l'adolescent per la societat i que el pot portar a aquelles contradiccions que abans posava d'exemple, és sentida per la majoria de la societat respecte de l'adolescent quan sosté impassiblement aquesta mena d'incongruències.

Per aquesta raó, hi ha tanta producció de tòpics i prejudicis a propòsit de l'edat en qüestió. És habitual que es recorri a la denúncia del passotisme, la crisi de valors, el consumisme o l'aviciament general com a culpables de la situació que viuen aquests nois i noies. És cert que aquestes explicacions, que posen l'accent en els aspectes morals del comportament, solen provenir de perspectives conservadores. Però també hi ha les explicacions progres, no menys tòpiques. Els equivalents progressistes troben les causes del comportament dels adolescents en l'atur, la manca de pressupostos escolars o la timidesa de les polítiques públiques juvenils, com és habitual, més en la línia de fer una crítica del sistema polític que de culpabilitzar l'individu.

Des del meu punt de vista, però, cap d'aquests dos tipus de tòpics i prejudicis no dóna compte de la complexitat de l'adolescència. Particularment, crec que és un error, en tractar de l'adolescència, centrar-se exclusivament en les patologies més habituals d'aquestes edats: les addiccions a estimulants, els desordres alimentaris com la bulímia o l'anorèxia, el fracàs escolar, la precocitat sexual, etc.

La insistència dels mitjans de comunicació a presentar la cara més desagraïda del món juvenil, ha anat associant els aspectes més conflictius a aquest grup d'edat, i amaga una majoria d'adolescents *normals*, és a dir, en procés de formació, però plens d'idealisme i ganes de viure. Precisament, vaig tenir la fortuna de poder participar en l'assessorament del programa de TV3 *Les coses com són*, fet amb l'objectiu de fugir d'aquesta mirada exclusiva cap a les patologies adolescents i amb ganes de mostrar nois i noies que no tenien altre *defecte* que ser-ne, d'adolescents. En tot cas, deixant de banda els aspectes psicològics, dels quals no puc dir gran cosa, tractar l'adolescència com una malaltia, alhora que augmenta l'angoixa de l'educador, sense voler, el justifica en la seva inacció. Per tant, convé adonar-se que el conflicte educatiu no és un desordre, sinó que constitueix la mateixa normalitat del procés. I l'adolescència no és una malaltia com no ho és la dentició, per molt que sigui dolorosa i creï problemes gàstrics.

Els obstacles de l'adolescència

Ara bé: si és cert que l'adolescència no és una malaltia, potser sí que podem assenyalar alguns estils de vida que compliquen l'experiència de l'adolescència. És a dir, podem parlar de maneres de tractar els adolescents que, efectivament, els poden fer la vida més traumàtica. Sense voluntat de ser sistemàtic i exhaustiu, en destacaré quatre que, per la meva experiència, crec que recullen les principals preocupacions dels educadors que he conegut. Es tracta de la sobreprotecció dels nois i les noies, de l'excés d'estímuls en què viuen, de la banalització de l'experiència a què es veuen abocats i de l'oferta que se'ls fa d'un paradís d'oci etern.

La sobreprotecció

En primer lloc, els nostres fills, en termes generals i segons la gran majoria d'opinions expertes, estan sobreprotegits. La sobreprotecció és, sobretot, una actitud afectiva que té diverses causes socials. En destacaré algunes. D'una banda, la sobreprotecció neix d'una situació de fet, de caràcter pràctic: de l'escàs nombre de fills en general, i dels pocs fills que es tenen per família, en particular. És fàcil d'imaginar per què uns pares amb cinc fills tenen més dificultats per sobreprotegir-los a tots i cadascun que en el cas de pares amb fills únics. No tinc dades del conjunt del país, però en les dades estadístiques que em va mostrar una escola gran de Barcelona, en només els últims vuit anys –de 1990 a 1998– el nombre de fills únics s'havia multiplicat per tres, i ja eren un 30 per cent de tots els nois i noies de l'escola. Les famílies amb tres fills, en aquest mateix període, havien fet exactament el procés invers: s'havien reduït en una tercera part.

També crec que pot explicar l'actitud sobreprotectora dels pares respecte dels fills el retard que s'ha produït els últims anys en l'edat de tenir el primer fill. Un fill que, a més, sovint és l'únic. En conseqüència, el fet de tenir els fills en edats més avançades afavoreix l'aparició d'unes expectatives més elevades dels pares respecte als estils de vida i les condicions materials que volen donar als fills. I, a més de les més altes expectatives materials, hi ha el fet objectiu de l'increment notable de la diferència d'edat entre pares i fills. Per seguir amb les dades de l'escola abans esmentada, en vuit anys, els pares d'entre 30 i 34 anys, s'havien reduït en un 7 per cent, mentre que els pares de 40 a 49 anys s'havien incrementat en un 10 per cent.

Tot i la gran importància d'aquest fet –l'increment de la diferència d'edat entre pares i fills–, és poc freqüent que es prenguin en consideració els canvis que això ha produït en els costums socials i en les formes de relació entre pares i fills. Però sembla elemental suposar que uns pares que es portin poc més de vint anys amb els fills s'hi relacionaran de manera diferent que si se'n porten gairebé quaranta. I la diferència, en general, ha d'afavorir una actitud més protectora en el segon cas, quan un matrimoni més ben assentat professionalment ofereix uns nivells de confortabilitat als seus fills molt superiors que una parella en els seus primers anys de vida laboral. Sobretot, si com és d'esperar, a una millor confortabilitat correspon una concepció de la vida més *instal·lada* en el món, que pot accentuar tota mena de temors sobre el propi futur i el dels fills.

Hi ha causes d'un altre ordre molt diferent, que no tenen a veure amb l'edat d'uns i altres, com és ara el fet que la manca de criteris educatius clars de què parlàvem al capítol anterior crea grans inseguretats en els pares, inseguretats que poden ser projectades sobre els fills en la forma de sobreprotecció.

La manca de normes socialment compartides sobre quines són les maneres de fer que ha de transmetre una acció educativa ha suposat la pèrdua de la consciència que educar és, sobretot, posar límits i, en definitiva, ha provocat la impossibilitat mateixa d'educar. No és fàcil, cal reconèixer-ho, que cada unitat familiar arribi a elaborar per ella mateixa tota una carta de normes educatives sense el suport exterior de familiars i amics. Des de no tenir hora per anar a dormir fins al vestir capriciós, des de l'adquisició arbitrària i desmesurada de joguines fins a l'omnipresència televisiva en la vida familiar, els pares no han sabut quan calia dir, definitivament, no, o prou, o s'ha acabat.

Des del meu punt de vista, les conseqüències negatives de la sobreprotecció s'han vist en molts aspectes de la vida de nois i noies. Des d'una mala educació alimentària fins als comportaments capriciosos lligats al consum o els excessos habituals en les formes d'ocupació del temps d'oci. La inseguretat respecte de les normes a seguir ha afavorit clarament el desenvolupament d'una dieta aviciada, d'uns consumismes capriciosos i d'un lleure entès, bàsicament, com a desmesura. Els pares ho han tolerat –i a vegades afavorit– com una mena de respecte, primer, pels gustos legítims de la criatura i, després, per la personalitat del noi o la noia. Aquesta manca de límits, a més, ha estat fomentada malèvolament per la publicitat, que és qui millor coneix i explota les febleses dels pares. També, en aquests terrenys, els mateixos pares sovint han seguit una regressió notòria en la qualitat dels seus costums, i uns s'han justificat en els altres.

La publicitat alimentària per a nens és un dels episodis més clars de transmissió de mals hàbits dietètics i dels aspectes formals i comunicatius del menjar. I això es fa a través de l'explotació irresponsable dels sentiments de culpa i de les inseguretats dels pares en aquest terreny. Tots podem recordar alguns dels anuncis més famosos dels darrers temps. Per exemple, el de l'encàrrec de pizza com a recurs per fer callar uns nens cridaners i incivilitzats (el menjar com a xantatge); o el de les postres làctiques que cal menjar, abusivament, de dues en dues (el menjar com a caprici); el de les patates fregides que es mengen amb la boca oberta per fer més soroll (el menjar com a provocació); els gelats per als quals qualsevol hora és adequada (el menjar sense regles); les verduretes que tenen formes d'animals (el menjar convertit en un joc), etc.

I ens podríem entretenir a repassar la publicitat de roba o la d'oci per observar els mateixos esquemes. Que ningú no oblidi que, avui dia, la publicitat és el principal instrument al servei de l'adoctrinament i la disciplina de nens, joves i adults. La publicitat sí que en té, de models de conducta per a tothom, i a tots ens proposa què cal pensar i què cal fer. La publicitat és la forma més avançada i sofisticada de la catequesi secular pròpia de les societats capitalistes.

En darrer lloc, no voldria deixar de dir que també és important el fet que la majoria de pares actuals han accedit, aquests darrers anys, a uns nivells de benestar econòmic que abans no s'havien conegut i que, per tant, estan –estem– mancats d'unes regles i unes tradicions culturals que ajudin a integrar aquests canvis materials en els estils de vida anteriors. Potser parlar de *nous rics* és excessiu, però l'expressió pot apuntar als problemes que creen els canvis socials accelerats quan no tenen altres referents culturals d'orientació que la mateixa publicitat que els promou.

Per aprofitar la caricatura que ens ofereix un d'aquells anuncis publicitaris que abans esmentàvem, quan el pare de l'anunci diu que, quan era nen, se n'hi donaven dos, de petit-suisse, és clar que l'afirmació no és certa per a la immensa majoria de pares actuals. Aquests pares que ara sí que en poden comprar, d'aquest producte làctic, de petits ni tan sols n'havien sentit a parlar. Quan érem petits, ni dos, ni un: cap. En definitiva, sostinc l'opinió –que l'expresso amb la consciència que fàcilment pot sonar malament– que un cert tipus de confortabilitat material relativament fàcil, deslligada d'uns costums que n'ordenin o en regulin l'ús, afavoreix una immaduresa en els comportaments dels pares que han convertit el que podia ser una raonable millora de la qualitat de vida en un aviciament capriciós.

A més, sóc del parer que la sobreprotecció durant la infància és un dramàtic punt de partida per a l'adolescència. El noi i la noia estan en molt males condicions per començar a avançar en el seu procés d'emancipació personal a causa de les inseguretats traspassades en l'entorn domèstic i, a vegades, en l'escolar i tot. L'adolescència és una etapa de recerca personal de la pròpia identitat, reafirmada a través del reconeixement dels altres. I les conseqüències de la sobreprotecció són aquestes: a) en retarda l'inici; b) acovardeix l'adolescent perquè hi arriba mal entrenat pel fet que no coneix les seves pròpies limitacions; c) accentua la seva dependència respecte d'un entorn d'amics en el qual busca la substitució de la sobreprotecció familiar, i d) dificulta l'arribada de la maduresa autònoma que defineix la identitat sòlida amb què l'adolescent hauria d'arribar a la joventut. Per això, avui hi ha molts joves immadurs que conserven un tarannà adolescent fins a edats que els haurien de situar en plena vida adulta.

L'excés d'estimulació

El segon fet que em sembla interessant d'apuntar i que es podria considerar un obstacle per a l'adolescència és el de l'*excés d'estimulació* a què estan sotmesos els nois i les noies. Ja s'entén: no d'estímuls de tota mena, sinó excés d'un tipus particular d'estímuls. Especialment, d'aquells estímuls que arriben abundosament pels canals de la cultura popular de massa, és a dir, fomentats per les indústries del lleure i que, lògicament, són de caràcter consumista. Però l'excés d'estímuls apaga el desig. I, paradoxalment, els nostres fills, més estimulats que mai no ho hagi estat cap altra generació, poden arribar a ser els fills més desmotivats que mai hi hagi hagut. Excés de joguines que s'abandonen immediatament, de marques de vestir que perden el seu interès just després de comprarles, d'esports que joves aprenents practiquen amb equipaments de professional, d'activitats extraescolars que s'abandonen ben aviat, d'estudis, de vacances, etc.

En el terreny de les opcions professionals, d'altra banda, s'ha passat d'haver d'estudiar el mateix que el pare o d'aprendre un ofici gràcies al qual es podria treballar en una indústria o taller del mateix poble, a una situació en la qual l'adolescent ha d'escollir entre desenes i desenes d'especialitats per orientar un futur professional. I ho ha de fer només a partir de referències indirectes i sense cap experiència immediata, escollint el futur professional amb la mateixa actitud del qui ha d'escollir una marca de detergent o, encara pitjor, del qui ha d'escollir un regal pel qual mai no havia sentit cap desig especial.

El problema de la desmotivació, doncs, cal encarar-lo exactament per l'altra banda de com sol ser pensat: en general, no calen pas més estímuls, sinó al contrari. La desmotivació es cura amb austeritat, amb contenció, amb un entrenament en l'autocontrol. Allò que caldria és un marc educatiu molt més sobri d'estímuls materials, però acompanyat d'un coixí molt més generós d'estímuls afectius i intel·lectuals que no pas l'actual.

Jaume Vallcorba ha discutit amb encert la noció actual de *motivació.* Segons la seva diagnosi, el problema és que en el món de l'educació s'ha substituït l'antic *entrenament de la voluntat* per la *motivació.* I una educació sostinguda sobre la motivació seria –diu l'editor– una cosa així com voler anar en bicicleta esperant que pedalegi un altre. Personalment, estic absolutament d'acord que la idea de motivació és conceptualment equívoca i educativament incompleta. Pensar en la possibilitat d'una motivació autònoma és d'una ingenuïtat inacceptable: motivar per fer què, en quina direcció i amb quin objectiu? I és clar, qui pedalejarà? Qui farà l'esforç amb què cal acompanyar tot desig? Qui s'ha d'ocupar d'ensinistrar la voluntat?

Sempre en un marc afectiu positiu, doncs, caldria afavorir la sobrietat d'estímuls i l'entrenament de la voluntat: vet aquí unes noves claus que facilitarien el camí d'una adolescència tan contradictòria com ha de ser, però tan reeixida com hauria d'acabar essent. Dit amb un terme del qual, significativament, avui dia cada vegada se'n coneix menys el sentit, caldria recuperar la virtut de la *temperància.* La temperància, que junt amb la *justícia*, la *fortalesa* i la *prudència*, és una de les quatre virtuts cardinals que apreníem al catecisme, resumeix exactament allò que defenso: la necessitat de la mesura, la sobrietat i el domini de la voluntat per poder superar amb èxit el pas de l'adolescència.

La banalització de l'experiència

Tercerament, hi ha la *banalització de l'experiència*. És a l'Antoni Estradé, sociòleg, a qui he sentit parlar del canvi d'una societat que valorava el *tenir experiència,* a l'elogi que ara es fa del *fer experiències*. És a dir, s'ha passat d'una societat que valorava l'*experiència* acumulada per la pràctica reiterada d'una activitat i per una tradició que l'orientava, a una societat on el valor és l'acumulació de petites *experiències*, totes diferents, totes noves, potser totes trepidants, però totes superficials.

Efectivament, pares i fills consideren l'enriquiment personal lligat a la diversitat d'experiències, però que necessàriament han de ser banals per breus i irrepetibles. I, paral·lelament a l'acumulació d'experiències, es menysvalora el dipòsit de coneixements reflexius que necessàriament hauria d'acompanyar qualsevol novetat per convertir-la en veritable experiència.

Tornem a ser en el mateix terreny de la crítica que fa Jaume Vallcorba, quan lamenta que també s'hagi abandonat l'entrenament de la memòria per suposada inutilitat, i que al costat de la voluntat i l'enteniment constitueix una de les «tres potències de l'ànima». Efectivament, la memòria ha perdut el seu lloc entre els aprenentatges escolars i familiars. I, en general, ha perdut el seu lloc tot allò que sigui repetició, per donar pas a l'absolutització del valor de la novetat. Un altre escriptor que, cada dia, de fa molts anys, del sentit comú, en fa pedra d'escàndol i provocació contra el gregarisme de les conductes i el pensament, Josep Maria Espinàs, ha insistit repetidament en la virtut de la memòria, no pas com a instrument a favor d'un inútil record de continguts arbitraris, sinó com a gimnàstica per al desenvolupament de la mateixa intel·ligència. L'actual cultura de la facilitat no és el millor camí ni de la intel·ligència, ni de la reflexivitat, ni del rigor, ni de la virtut.

Aquesta situació, a més, s'agreuja pel fet que allò que se'n diu la cultura *mediàtica*, la que transmeten els mitjans de comunicació de massa i les indústries de la cultura, és una cultura produïda fora del context de la pròpia experiència del qui la consumeix, com explica Neil Postman a *Divertim-nos fins a morir*. I, en aquest sentit, el seu consum no només no necessita ni voluntat, ni memòria ni enteniment, sinó que uns i altres esdevindrien veritables obstacles per a la seva lliure imposició sobre les nostres consciències. La indústria de la cultura de massa necessita voluntats febles, memòries dèbils i enteniments prims per triomfar. És clar: l'èxit d'aquest tipus de mercaderia no busca pas el seu triomf com a cultura, sinó com a indústria.

Ni que sigui molt de passada, encara voldria suggerir una altra idea: les pràctiques culturals actuals es limiten a exacerbar allò que tenen de ritual de comunió mística, desenvolupat en la forma d'espectacle, i han perdut l'equilibri que tota cultura ha de mantenir amb la seva dimensió ascètica, d'entrenament. Des del meu punt de vista, la satisfacció immediata del gust subjectiu forma part d'aquest procés de banalització de l'experiència que orienta la majoria d'expectatives vitals d'alguns adolescents –i també de molts adults– i que els porta a voler convertir la seva vida en una mena de videoclip.

L'experiència *mística* de la cultura, aquesta que il·lustren a la perfecció els grans festivals de rock, no busca ni el rigor ni el judici sobre la seva qualitat, sinó que s'acontenta amb la satisfacció subjectiva, amb el passar-ho bé. Un espectacle musical, en aquesta dimensió *mística* no s'avaluarà, doncs, per la correcció de l'execució instrumental o la subtilitat de la interpretació, sinó per l'ambient que l'envolta, l'emotivitat que crea i l'excitació dels sentits que provoca. En canvi, una experiència cultural equilibrada, alhora que busca l'exaltació dels sentits i les emocions, no renuncia a aconseguir-ho a través de l'excel·lència interpretativa, que no s'obté pas gràcies als milers i milers de wats de llum i so, sinó a les hores i hores d'entrenament de l'artista.

El paradís de l'oci

En quart lloc, i molt relacionat amb tot allò que he dit fa un moment, crec que una concepció de la vida que converteixi l'oci en una mena de *paradís etern* és un marc advers per al desenvolupament de l'adolescent. No sé si ens hem adonat prou de la substitució del valor de la *cultura del treball* com a via d'autorealització personal per una *cultura del lleure* que ha convertit l'oci en la màxima aspiració dels individus. És sobre el valor del treball que s'havien fonamentat les grans ideologies i moviments revolucionaris del segle XIX i XX. Ara, el temps lliure és la màxima expressió de la felicitat i la realització personal. Aquesta és una de les transformacions culturals més grans del darrer terç de segle.

La nostra tradició cultural, la que en bona part ha definit el marc de referència de l'educació de la majoria dels pares actuals, partia del paper central del treball, ja fos com a font de virtuts morals en la seva versió més conservadora, ja fos com a via d'emancipació en la versió progressista.

Allò que ha passat és que aquesta tradició, que es manté de manera residual i desigualment repartida, ha donat pas a una altra concepció del món en què la cultura del lleure ha esdevingut el paradís al qual se sotmet tota la resta de l'experiència humana. Certament, estic fent referència a un canvi cultural de gran abast que desborda totalment la modèstia d'aquestes pàgines. Però el fet és que aquest canvi, complex d'analitzar amb detall i difícil de preveure'n totes les conseqüències de futur, determina profundament les condicions en què els nois i les noies arriben a l'adolescència i les expectatives que poden tenir en relació amb la seva entrada al món adult.

A l'afirmació genèrica sobre aquest gran canvi cultural, caldria fer-hi algunes observacions que la matisarien. Per exemple, seria convenient considerar com aquestes maneres d'entendre la persona i el sentit final de la seva existència, abans orientades a l'activitat productiva i ara orientades a l'oci, es distribueixen de manera desigual segons els orígens culturals i econòmics familiars. I, en conseqüència, s'hauria d'estudiar com i de quina manera aquests canvis pesen en les eleccions personals dels joves a l'hora d'orientar el seu futur. O bé, per mostrar una altra dificultat en què caldria aprofundir, es tractaria de veure quin havia estat el lloc que tradicionalment es deixava al joc gratuït i la festa col·lectiva, i fins a quin punt han estat substituïts per un oci mercantilitzat i un lleure individualitzat. En part, ho vaig tractar a bastament al meu llibre *Saber el temps* (Editorial Alta-Fulla, 1985). Però ara la pregunta es podria concretar més. Es tractaria de saber què en queda, del joc i la festa, davant de la promesa d'un paradís d'oci, organitzat per les grans multinacionals nord-americanes del lleure. És a dir, què hi ha de festa en els nous parcs temàtics que es construeixen arreu, o en aquests centres en què es combina el menjar ràpid, el cinema de Hollywood, la crispeta amb coca-cola i el bar musical o la macrodiscoteca.

Accepto que l'afirmació de la substitució d'una cultura del treball per una altra de l'oci necessitaria bons arguments per fer-ne una defensa teòrica sòlida. Però des de l'experiència quotidiana, estic segur que no m'equivoco si dic que a les cases, del treball, se'n parla poc i malament, sense ser capaços d'atribuir-li cap valor moral per ell mateix. I a més, se'n parla només en la seva dimensió instrumental: cal treballar i trobar una bona feina –se sol dir– per aconseguir un millor benestar, fonamentalment econòmic, i per poder accedir en les millors condicions possibles al mercat de les indústries del lleure. Crec que en la majoria de les converses familiars no es parla del treball com una font d'experiències morals satisfactòries.

La concepció positiva del treball sembla que ha perdut interès per als catalans i, per dir-ho irònicament, sembla que hem anat abandonant aquell punt d'ètica protestant que ens acostava més a la cultura del treball pròpia de l'Europa central. En definitiva, ens hem fet més *mediterranis*, més catòlics, si voleu. Al cap de segles, sembla que som al punt de retrobar la concepció originària del treball, entès com a càstig. La paraula *treball* prové del llatí *tripalium*, que era un instrument de tortura. Això sí, amb la diferència que ara no s'està disposat a acceptar-lo ni com a redempció de cap pecat original i que, per tant, és vist com un càstig sense culpa.

Si a aquesta pèrdua general del sentit del treball afegim que en molts casos l'accés a la primera feina queda ajornat fins a una edat molt més avançada que abans, el fet és que els nois i les noies arriben a l'adolescència, que és quan els caldria bastir la seva imatge social autònoma i capaç de fer coses, sense cap interès pel món del treball. Els toca triar estudis, però, en general, els queda molt lluny pensar en l'activitat que se'n derivarà. La pregunta «què voldràs ser quan siguis gran», ja no només té poc sentit feta a nens i nenes per a qui el treball dels seus pares és desconegut i difícil d'explicar, sinó que tampoc no el té per als adolescents, per a molts dels quals –insisteixo, amb matisos segons orígens culturals i expectatives econòmiques– treballar no forma part dels seus projectes ni immediats ni a mitjà termini.

M'agradaria que es veiés en aquestes reflexions, no tant unes afirmacions absolutes, sinó uns processos, unes línies d'evolució, que potser no atrapen pas tothom ni del tot, però sí que expliquen amb molta precisió algunes de les més importants bases del malestar social actual.

Quatre propòsits generals

Després de mostrar alguns dels obstacles que hi ha per aconseguir una adolescència reeixida, ara es tractaria d'apuntar quines possibilitats hi ha d'intervenció educativa. No dic pas proposar *solucions* a tots els problemes, sinó suggerir prioritats que cadascú, segons la seva manera de veure les coses i les seves pròpies possibilitats personals, hauria de convertir en *maneres de fer*.

En particular, si els obstacles que abans he assenyalat eren quatre, ara les prioritats que suggeriré també poden ser les quatre que, poc o molt, respondrien a aquells desafiaments: fomentar l'autoestima, posar al descobert els propis límits, desenvolupar un profund sentit comunitari i proporcionar perspectives de futur als adolescents.

Fomentar l'autoestima

En primer lloc, caldria que família i escola proporcionessin als nois i les noies un marc emocional estable que els donés l'autoestima suficient per passar el tràngol de l'adolescència amb èxit. Possiblement, la intervenció dels pares en aquest període no pot ser gaire més activa que la de mantenir el suport i la confiança en el noi i la noia. No es tracta pas de posar-se de la banda de l'adolescent, per sistema i de manera ingènuament entusiasta, com a vegades es fa amb la més bona intenció. L'objectiu és, d'una banda, mostrar una permanent disponibilitat per si se'ns necessita. I de l'altra, transmetre la confiança necessària per tal que l'adolescent mantingui l'autoestima necessària perquè s'arribi a fiar de la seva pròpia capacitat de reflexió, a vegades encara balbucejant, però seva i intransferible.

L'adolescent –cal que sigui així, i no ho podem pas evitar– rebrà mil reclams des de l'exterior, i en la seva necessitat d'emancipar-se de la tutela familiar, s'hi sentirà especialment atret. L'actuació de l'educador, davant d'aquesta crida, no ha de ser la de voler tancar-lo a les influències exteriors i provocar exactament el contrari que es proposava. Si ho fa, accelerarà les ganes d'escapar-se de l'entorn familiar i escolar. El seu objectiu ha de ser aconseguir del noi i la noia la màxima reflexivitat autònoma, confiant sincerament que l'exemplaritat familiar i el treball educatiu a l'escola faran la resta. O que faran tot el que s'hi hagi pogut fer. D'altra banda, l'autoestima de l'adolescent està tan condicionada per l'actitud dels pares que no és exagerat dir que molts problemes dels adolescents es poden resoldre amb un treball terapèutic exclusivament dirigit als pares, tal com sosté i practica la psicòloga Ketty Sellarès.

Per dir-ho ben resumidament: el noi i la noia han d'arribar a l'adolescència sabent que són estimats sense condicions, amb una bona educació emotiva i amb la seguretat que poden confiar en la coherència dels qui estimen. I les proves que demostren que es compleixen les condicions adequades poden ser aquestes:

Una, que el clima familiar sigui acollidor i cordial, i que no caigui sistemàticament en el retret i el recel (allò que expressaria la frase «ja m'agradaria saber-ho», i que tan bé retrata les cares de molts pares quan escolten les explicacions dels seus fills).

Dues, que a la família –i a l'escola– hi hagi capacitat de diàleg davant el conflicte (el diàleg no és mai una tertúlia intranscendent, sinó un mecanisme de negociació).

Tres, que els pares siguin capaços d'expressar una emotivitat oberta i franca entre ells i amb els seus fills, és a dir, que sàpiguen trobar l'ocasió per manifestar l'afecte de manera explícita, per tal que l'estimació no sigui merament una dada donada per descomptat sinó una afirmació basada en els fets i les paraules.

Quatre, que a casa els pares mantinguin una autoritat moral basada en la coherència i el compromís en allò que es creu, i que és tot el contrari de mantenir un clima autoritari on s'obliga a normes capricioses per a les quals no es té altra raó que la de fer saber qui és que mana.

Coneixement dels propis límits

El segon criteri d'intervenció seria tenir ben clar que un dels principals objectius de l'educació no és pas el donar més i més possibilitats de fer –o de fer creure que se serà capaç de fer il·limitadament– sinó ajudar a prendre consciència de la importància del reconeixement dels propis límits. Els primers anys de la nostra vida, els límits ens fan absolutament dependents dels pares i dels adults en general. Després, aprenem a superar-ne una bona colla, mentre d'altres delimiten la nostra experiència. I arribats a l'adolescència, en general, cal que els educadors ens ajudin a incorporar aquestes limitacions a la pròpia identitat personal, no en termes negatius, sinó com a perfil identificador d'allò que som.

Però, i no pas com una idea abstracta, cal saber transmetre que l'experiència dels límits personals no és un càstig o l'expressió d'una impotència, sinó que són l'únic camí possible cap a una identificació plaent, una realització satisfactòria, un autodomini productiu, i en definitiva, cap a una consciència madura de les pròpies capacitats. És clar que qui primer ho ha de veure així ha de ser l'educador. Perquè sovint, el descobriment de límits en l'educació, per als fills, és simplement l'experiència quotidiana dels «ja n'hi ha prou» de l'adult cada cop que se sent molestat. És allò que solem dir: «de paciència en tinc molta, però a vegades s'acaba». I aquests són, sovint, els únics límits que coneixen el noi i la noia, és a dir, no pas les seves limitacions, sinó les limitacions de l'adult, manifestades en la forma de càstig o d'enrabiada.

Aquí, és clar, parlo de límits que no tenen res a veure amb la paciència, ni amb allò tan de mal entendre que «la llibertat de l'un s'acaba quan comença la de l'altre»... Quina mena de concepció tan negativa dels límits o de la llibertat s'ha de tenir, que una cosa es vegi incompatible amb l'altra, o que només tanquin possibilitats a la persona! No: els límits dels quals parlo són, tot al contrari, aquells que proporcionen noves oportunitats a l'individu. Sense límits, per començar, no hi hauria identitat personal perquè ningú no es podria reconèixer a si mateix.

No ho dic per fer un discurs moral, tot i que se'n poden treure conseqüències d'aquesta mena. Ho dic des d'una perspectiva estrictament analítica: l'individu només es pot reconèixer en els seus límits, només és alguna cosa en els seus límits, i només es pot proposar transcendir o superar els seus límits si els coneix prou bé. G. K. Chesterton, en una de les seves famoses paradoxes, ho explicava en relació amb les finestres d'una casa: una casa és bonica si té finestres cap enfora, però si tot fossin finestres, tot obertura, s'acabaria la possibilitat mateixa de ser-ne, d'oberta. No hi ha obertura personal sense definir parets i portes que la facin possible.

Així mateix, és des de la consciència de la bondat dels límits –des de les simples limitacions econòmiques familiars, les limitacions en les nostres capacitats intel·lectuals, les limitacions en la nostra resistència corporal, o les limitacions dels nostre propi caràcter– que podem prendre decisions amb el realisme necessari per dur-les a terme. Apliquem aquesta afirmació al fet mateix de tenir fills. La decisió de tenir un fill, que suposa incorporar a la pròpia vida domèstica de la parella unes noves limitacions ben definides i concretes –com, d'altra banda, també introdueix limitacions qualsevol opció professional– és, alhora, una de les ocasions més excepcionals de transcendir els propis límits com a parella i, no cal dir-ho, d'entrar a un nou món ple de risc i incertesa.

Ningú no hauria de considerar que la limitació afegida amb el nou fill sigui comparable a les noves i gairebé il·limitades possibilitats que proporciona per al nostre mateix projecte de vida en parella. I haver d'anar econòmicament una mica més estrets, no poder sortir de nit amb la mateixa facilitat o haver de pensar en fer vacances sense grans aventures, haurien de ser considerades qüestions menors al costat del món que ens obre la incorporació del petit que acaba d'arribar. A tota limitació, professional, paternal o de la mena que sigui, li correspon una obertura cap a altres possibilitats, i si no s'entén l'acceptació positiva de la limitació en aquest sentit, tampoc mai no ens acabarem d'obrir a res.

El sentit comunitari

El tercer camí d'intervenció educativa que ajudaria a «encarrilar» l'adolescència –no pas els adolescents, que ja he dit que han de trobar la seva pròpia via– és haver aconseguit transmetre prèviament, però reforçant-lo precisament ara, un sentit comunitari, de pertinença a la comunitat, que vinculi qualsevol projecte d'emancipació individual a un projecte superior d'integració social. En certa manera, la qüestió torna a plantejar el problema del sentit de la vida. I, una vegada més, vull dir que no cal que pensem, automàticament, només en creences pròpies de la religiositat clàssica, encara que és cert que fins fa poques dècades eren el camí que la majoria tenia a la seva disposició.

Siguin quins siguin els camins actuals als quals cadascú té accés, des del de la transcendència buscada en un déu personal, passant per un cultiu intel·lectual més personal i reflexiu, i fins a una transcendència trobada en el compromís concret amb una col·lectivitat humana que considerem que ens necessita, el sentit comunitari permet a l'adolescent orientar la seva activitat de grup en una direcció personalment productiva. Des del centre d'esplai o l'agrupament escolta, passant per l'associacionisme en qualsevol de les seves expressions i fins al compromís polític i patriòtic, és interessant que l'adolescent pugui inscriure el seu propi descobriment més enllà de la satisfacció egocèntrica dels seus gustos subjectius i immediats i que se senti lligat a un grup i aprengui a relacionar-s'hi.

Perspectives de futur

He parlat de quatre prioritats, però. I la que fa quatre és com una música de fons que anirà sonant per tot el llibre, fins al final. La meva opinió és que un adolescent hauria de poder encarrilar el seu itinerari mirant il·lusionadament cap al futur. Els veritables problemes de l'adolescent, més enllà dels que són propis de l'edat i que, en realitat, no són *problemes* sinó els processos conflictius necessaris per al seu propi desenvolupament, arriben quan no és capaç d'anar més enllà del seu present immediat. O sigui, quan no sap avançar d'altra manera que caminar amb el cap mirant a terra. Es pot viure l'adolescència sense sentir l'empenta d'un futur que cal dominar, sense ganes de fer-se adult, sense mirar el futur esperançadament?

Es tracta de saber, però, com es parla del futur, als adolescents. I és que hi ha nois i noies, avui dia, que a més de no haver après gaire d'història i de no saber situar el passat recent dels seus pares –el franquisme els sembla, biogràficament, cosa del neolític o, com diuen ells, del juràssic– tampoc no sabrien assenyalar el seu futur, ni a un any vista, en el seu mapa vital. Pel que conec, intueixo que aquesta dificultat de mirar endavant no és intrínseca de l'adolescència actual. En el programa de televisió que ja he esmentat, es comprovava que només calia obrir les cortines del món que els rodejava perquè aquells adolescents se sentissin compromesos amb el futur. Però, per què es tanquen les cortines davant els adolescents i se'ls amaga el futur? Són ells que no es volen fer grans, o els adults que no deixem que se'n facin?

6

Comprendre els adults

Durant molts anys, m'han demanat conferències sobre el problema de l'adolescència i la joventut. Encara que mai no s'acaba de saber fins a quin punt són els problemes els que fan aparèixer els experts o els experts els que s'inventen els problemes, el cert és que de fa un parell de dècades, la joventut s'ha convertit en un problema amb certificació oficial. Vull dir, reconegut com a tal i, doncs, convertit en problema sociològic amb els seus experts i cursos especialitzats.

Tanmateix, l'arribada d'una sociologia de la joventut –i després, d'una sociologia de la vellesa– sorprenentment no ha anat acompanyada d'una sociologia dels adults (que en sentit estricte, hauria de ser de l'adultesa, però, com dic, aquest és un problema social encara per inventar). La causa sembla clara: és més fàcil veure la palla en l'ull de l'altre que no la biga en el propi ull, per dir-ho en termes evangèlics. Aquí, però, serem originals: vull parlar del *problema* dels adults.

Els adults com a problema

La mirada cap a l'educació sempre sol ser feta des de la perspectiva de l'adult. Es tracta d'una visió unidireccional que invisibilitza l'adult com a possible portador de problemes en relació amb la seva condició d'edat. És com si l'adultesa no en pogués ser, de problemàtica. L'adult pot ser un bon o un mal pare, per exemple, però sembla que no pugui ser un bon o un mal adult. Com si fos una edat que, per definició, s'escapés de qualsevol qüestionament.

En canvi, no tinc cap mena de dubte que avui dia hi ha cada vegada més persones que porten malament l'adultesa. Hi ha adults que s'agafen patèticament a la joventut sense voler-la deixar anar, i hi ha joves que es resisteixen a acceptar cordialment la seva nova condició d'adults. Quan davant d'un auditori de joves he reivindicat l'adultesa com una edat especialment feliç, quan els he dit que possiblement els quaranta, els cinquanta o els seixanta anys són els millors de la vida, caldria que veiéssiu les cares escèptiques d'uns nois i unes noies als qui han venut que fora de la joventut no hi ha felicitat i que fer-se adult és com tornar-se de suro.

Aquesta mirada unidimensional i miop ha impedit que l'adult pogués adonar-se de quines dificultats aportava, per ell mateix, al debat educatiu. Els nens, els adolescents, els joves –la infància, l'adolescència, la joventut– sí que han estat *un problema* que l'adult havia de carregar, suportar o resoldre. Aquestes edats són el *seu* problema. Però gairebé mai l'adult no ha entès que la mateixa condició d'adult pogués ser problema de res ni de ningú. Hi hem pensat mai, en el fet que els adults som el problema dels joves?

Com tantes vegades, són els meus fills els qui em van fer adonar de la miopia d'aquest punt de vista i no pas els manuals de sociologia. Una vegada que un director d'Institut m'havia demanat que parlés als nois i noies de COU del «problema de la joventut», a casa se'm va fer l'observació que els joves ja n'estaven tips de ser tractats com a *problema*. Que això era la cançó de l'enfadós. Que, per ells, en tot cas, el problema érem nosaltres i les nostres manies. A l'Institut on s'havia anunciat la conferència, els alumnes havien reaccionat d'aquesta manera.

Tenien tota la raó. Es podia entendre que en una conferència dirigida a pares, tots plegats ens complaguéssim a disseccionar els problemes de l'adolescència i la joventut. Però quan es tractava de conferències dirigides a joves, que la perspectiva de qui les encarregava i de qui les donava tampoc no fos mai la seva, era francament carregós. En aquella ocasió vaig sortir del pas com vaig poder, però em vaig proposar canviar la perspectiva i, a la primera oportunitat que se'm presentés, suggerir, tant per als pares com per als alumnes, una conferència que tractés «Els adults com a problema». Als pares, em sembla, mai no els ha acabat de fer massa gràcia...

El canvi de perspectiva, certament, capgira la manera de veure alguns temes educatius, generalment tractats de manera tòpica. La idea és que, de la mateixa manera que una millor comprensió de l'alumne, de l'adolescent o del jove ens ajuden també a comprendre millor la nostra posició d'educadors, un esforç de comprensió de l'adult pot ajudar els joves a entendre's millor i als adults a fer-se més càrrec de les seves pròpies relacions amb el món dels joves. Concretament, en aquest cas, el punt central del gir que havia de fer possible el canvi de perspectiva va ser ben elemental: si els joves són vistos amb un cert dramatisme pel fet de portar un futur incorporat que és incert (vegeu el darrer capítol *El coratge de tenir futur*), en el cas dels adults, allò que afegeix dramatisme a la seva condició és que porten –portem– damunt nostre un passat que és impossible de canviar.

Ara bé, mentre que el futur incert que el jove porta al damunt és com un estigma visible i escandalós, en el cas de l'adult, el pes del seu passat sol ser conseqüència del fet que aquest s'ha fet invisible i que hem maldat per dissimular-lo. Quan nosaltres mirem els nostres fills, els veiem amb la motxilla del seu futur a l'esquena: les esperances i els perills que els esperen, les seguretats que pensem que els sabrem donar i les incerteses que hauran d'encarar ells tots sols. Però, en saben gran cosa, els nostres fills, del nostre passat? Quan ens senten rondinar, quan ens veuen preocupats o quan estem sorprenentment alegres, els fills tenen alguna referència sobre el nostre passat que els doni les claus per entendre'ns millor? Disposen d'algun criteri que els permeti fer-se càrrec de les nostres manies? I, sobretot, el tenim present, nosaltres mateixos, el nostre passat? L'hem acceptat tal com és? Ens el coneixem prou bé?

Una mica de sociologia

No és fàcil allunyar-nos de nosaltres mateixos i veure'ns tal com som a la mirada dels altres. La sociologia, com a exercici intel·lectual, ens hi hauria d'ajudar. I per això hi recorreré, per tal que, abans de dir com són –som– els adults i si són problema de res, el lector m'hagi acompanyat a prendre una certa distància de nosaltres mateixos, en un exercici imprescindible d'autoreflexió. Perquè aquest és el primer obstacle per a l'autoreflexió: ens pensem i ens veiem des de nosaltres mateixos. Els *aquí* i *allà*, els *a prop* i *lluny*, els *conegut* o *desconegut* i els *normal* o *rar* tenen sentit des d'on som cadascú de nosaltres, per a qui les coses, efectivament, són allà, llunyanes, desconegudes i poc normals o bé aquí, properes, conegudes i normals. I la reflexivitat, el coneixement d'un mateix, en canvi, demana apartar-se del propi punt de vista habitual per veure'ns amb un cert distanciament.

Una segona dificultat per fer una mirada reflexiva sobre nosaltres mateixos prové del fet que en la vida de cada dia ens pensem, a més, autònoms en la nostra capacitat de decisió i amb una identitat pròpia que solem creure que també depèn fonamentalment de nosaltres mateixos, de la nostra autenticitat i sinceritat. A la pel·lícula de la nostra vida, lògicament, ens hi sentim protagonistes, i mal aniria si no fos així. Tots els altres, per a nosaltres, es divideixen entre tot d'actors secundaris i sobretot molts figurants. Només en situacions particulars podem admetre algun coprotagonista a la nostra pel·lícula.

Però en contra d'aquest punt de vista tan interessat i personal, des d'una perspectiva sociològica, és ben clar que exagerem massa el pes de la nostra consciència i la influència de la nostra voluntat a l'hora d'explicar-nos la història que vivim. La nostra identitat, en el fons, està feta tant d'allò que nosaltres hi posem com del que els altres estan disposats a reconèixer que hi ha. En la vida de cada dia, hi ha ben poques ocasions en què els rètols del final de la història distingeixin entre els actors principals i els secundaris: generalment, en els crèdits, hi sortim per ordre d'aparició. I, sobretot, per ordre de desaparició...

Biografia i marc històric

El cas és que la imaginació sociològica ens proposa que parem molta atenció al fet que una veritable comprensió de la nostra existència ha d'enllaçar la nostra biografia amb el marc històric que ens ha tocat viure. La consciència de l'encreuament entre biografia i història, tal com diu C. W. Mills a *La imaginació sociològica* (Barcelona, 1987), és la que posa les coses al seu lloc i modera els nostres afanys de protagonisme. Aquí, la història, cal entendre-la com la que ha posat el decorat a la nostra pel·lícula, la que ha fet el *càsting* –la tria– de la resta d'actors i la que ha proporcionat les línies generals del guió. I, probablement, la història és la que la dirigeix i qui s'emportarà els premis o els fracassos. La història ens recorda d'on venim i desemmascara allò que hi havia d'autoengany en les nostres ínfules de protagonistes principals.

En definitiva, comprendre l'adult que som és conèixer de quina manera la nostra consciència i la nostra voluntat han estat possibles en el marc de la història que ens ha tocat viure. És a dir, reconèixer els condicionaments generals que donen compte de situacions viscudes pels grups socials, així com identificar les particularitats que donen compte de les nostres situacions més properes.

I tot això significa que hem d'estar disposats a adonar-nos que hi ha moltes coses en el nostre estil de vida que hem arribat a considerar *naturals* –és a dir, que pensem que no hi tenim res a veure i que les fem perquè són inevitablement d'aquesta manera– però que són contingents, arbitràries i modificables. O que hem d'estar disposats a revisar la idea que els nostres estils de vida són producte de la nostra particular decisió voluntària i enraonada. Hem d'aprendre a reconèixer en els nostres estils de vida les profundes marques que hi ha deixat la nostra infància, els nostres pares, el barri on vam viure o el nostre particular món escolar. Adonarnos que els nostres *aquí* i *allà,* o els nostres *normal* i *rar* són apreciacions justificables, però biogràficament apreses i difícils d'acceptar de manera automàtica per les generacions que ens segueixen, perquè ja no són els seus referents biogràfics.

D'aprendre, hem après des del to de veu amb què diem les coses fins a una determinada manera de concebre la dignitat personal. Des dels gestos de les nostres mans que delaten el nostre origen social fins a la manera més subtil d'expressar l'estimació. I, al costat d'aquests aspectes tan personals, també hem fet nostres les expectatives específiques del nostre grup social. Potser s'esperava de nosaltres que tinguéssim carrera, o que portéssim el negoci de la família, o que ens quedéssim a viure allà on havíem nascut. O ens havien educat per seguir unes normes morals i religioses. I també s'interioritzen els silencis, allò que generacionalment ens ha estat ocultat: de l'experiència d'una guerra a una secreta desgràcia familiar.

És clar, nosaltres també som un territori i un país fet de noms de lloc, de records clars i memòries borroses, i de paisatges coneguts que ens connecten amb les primeres emocions d'una descoberta. I *som* les cançons que hem cantat, i les festes que hem celebrat, i els jocs d'infància. *Som* les pors màgiques que vam tenir i les descobertes d'amagat, les confiances ingènues que ara enyorem i els secrets dissimulats que ja ni recordem.

Procés de reeducació

Finalment, els adults som un projecte de vida que mai no és exactament com s'havia previst, o tal com havíem previst nosaltres mateixos. Vull dir que no només som les maneres de fer que ens vénen d'antic ni som només personatges que interpretem un paper dins d'una història més general. Personalment ens anem construint com a projectes amb passat i futur, i permanentment ens hem de tornar a explicar el nostre itinerari per tal que tingui cap i peus, que tingui un sentit global, sempre a un pas d'esquerdar-se.

Crec que l'adult que vol ser un educador ha de fer un tenaç treball d'introspecció, tan endins com pugui arribar. I ho ha de fer en la perspectiva que ara suggeria, per tal d'identificar millor la seva pròpia posició en el procés de transmissió dels models que considera convenients. Cal que, sense cap mena de dramatisme i amb tot l'humor necessari per tal de veure's a ell mateix sense espantar-se, l'adult conegui el millor possible l'origen tant de les seves manies més epidèrmiques com de les seves conviccions més profundes. Difícilment hi pot haver un bon procés educatiu que no sigui, alhora, un procés de reeducació del mateix individu que en té el propòsit. Estic segur que només he pogut educar positivament els meus fills en la mesura que m'he deixat educar per ells mateixos. I quan m'he resistit al diàleg educatiu de baix cap a dalt, em temo que la direcció de dalt cap a baix s'ha tallat.

Tal com hem observat en capítols precedents, en els quals ni l'alumne ni l'adolescent eren mers subjectes passius del procés educatiu, tampoc els adults poden passar per un procés d'educació pensant que no són ells mateixos els que hauran de canviar. Es podria dir que educar és un intercanvi de mirades, en què l'adult deixa mirar el nen o el jove a través dels seus ulls, mentre que l'adult mira a través dels ulls del nen o del jove. I també es podria dir que els fracassos educatius dels adults poden venir tant del fet que aquests no sàpiguen proporcionar una mirada prou clara als fills, com del fet que han renunciat a mirar a través dels ulls de qui han d'educar.

Com som els adults (assaig d'autolocalització generacional)

En el retrat que ara faré, no hi entra tothom. El més convenient seria deixar un espai en blanc i que cadascú intentés dibuixar el seu propi perfil, i descobrir d'on ve, on ha anat a parar i potser què li espera. Però, com a exemple, intentaré fer-ne un, de retrat. Un retrat que, sense ser exactament el meu, podria acostar-se força a la majoria d'un públic que sol venir a les meves conferències –pares preocupats per l'educació dels fills en edat escolar i habitualment de classe mitjana popular–, i amb el qual m'he pogut sentir identificat subjectivament per la meva mateixa condició de pare.

Estem parlant, doncs, de pares nascuts molt a finals dels anys quaranta i fins a la meitat dels seixanta. Persones que vam ser adolescents i joves els anys seixanta i setanta. Per tant, que arrenquem d'una societat ideològicament encara molt tancada, però amb unes expectatives molt grans respecte de les possibilitats del futur. Es pot dir que, en general, vam viure la nostra infància enmig d'estretors materials –la societat de consum encara no havia arribat– que eren superades tant per una cultura que feia de l'austeritat un valor en si mateix, com per les bones perspectives d'un procés d'industrialització i de modernització que semblava imparable.

Aquell paisatge de canvis

Som una generació, també, que amb més o menys consciència, i fins i tot sense tenir-ne gens, va estar condicionada per un optimisme polític històric que es va reflectir en la mitologia popular de l'època. Aquí hi havia encara un dictador, és clar, però crec que això encara accentuava més el contrast i les expectatives que desvetllaven personatges idealitzats, que anaven des del president John Fitzgerald Kennedy fins al predicador Martin Luther King, des del revolucionari Che Guevara al Papa Joan XXIII, des dels Beatles a Bob Dylan, dels hippies que protestaven contra la guerra del

Vietnam als estudiants revolucionaris del París del maig del 68. Deixem ara de banda si van ser realment allò que semblaven, però el cert és que van dibuixar un paisatge cultural i polític ple d'esperança en la capacitat transformadora de l'individu sobre el món que s'acostava.

Tot aquest panorama era creïble, sobretot, perquè anava acompanyat de canvis molt significatius en els nostres estils de vida quotidians. Eren utopies socials i polítiques recolzades sobre progressos pràctics. L'arribada de la Vespa i després del Seat 600. La popularització del tocadiscos –i després de la casset– i de la televisió. La generalització del telèfon. Es tractava de revolucions que representaven un salt qualitatiu en les maneres de viure i pensar, molt més grans que no pas l'enfarfegament al qual ara estem sotmesos amb l'arribada diària d'infinites, petites i intranscendents innovacions tecnològiques. Nosaltres vam assistir a la transformació de les petites botigues de queviures en cadenes de supermercats, amb una gran varietat de productes envasats que a poc a poc anaven omplint uns aparadors abans inexistents. Feu memòria: nosaltres som la generació que de nens o de joves vam descobrir els espaguetis, les salsitxes de Frankfurt i els iogurts Danone. Tota una novetat en un món fet, fins llavors, de sopes de pa o pasta de fideus, de talls de cansalada i d'anades a la lleteria del barri. I és la generació que va passar de menjar pollastre per la festa major i per Nadal a menjar-ne com a àpat habitual.

I, ja que parlem d'educació, aquests adults dels quals ara parlem som la generació anterior al procés que ha arribat a la plena escolarització i que ha pogut incorporar a l'escola la igualtat de condicions entre nois i noies i que ha conegut l'entrada massiva a la universitat. Per tant, els adults d'ara vam viure la transició a l'ensenyament mixt, la progressiva generalització del batxillerat, i per pocs anys, uns encara van quedar fora i els altres dins de les noves oportunitats de formació universitària. En definitiva, entre els adults que ara són pares, hi ha des dels darrers que van viure l'escola franquista fins als primers que van viure l'anomenada escola activa i, dit sigui de passada, seria molt interessant observar com es comencen a notar els efectes de la pròpia educació en els estils de l'educació dels fills.

Com a primera conclusió, crec que es pot dir que el món infantil i juvenil d'aquests adults que ara tenim fills a l'escola no va ser un món més fàcil que l'actual, ni des del punt de vista material ni des del punt de vista de la rigidesa dels costums. Però sí que es pot dir que era un món més ple d'esperances. I de fills, és clar, que per això la gran explosió demogràfica va culminar el seu creixement cap a la meitat dels anys setanta. Tenir fills possiblement té a veure amb les perspectives esperançades, com les d'aquells anys.

Trencament de tradicions

No s'ha d'oblidar que aquest país ha tingut les seves particularitats. I el franquisme no és una particularitat qualsevol, com ho pot ser el bon clima o el costum de la migdiada. El franquisme va ser el paisatge, més cultural i social que polític, dels adults que ara tenen fills en edat escolar. No seria exacte dir que la majoria d'aquests pares, ni els seus progenitors, visquessin el franquisme des d'una oposició política militant. Per a la majoria, el principi que valia era «no t'emboliquis amb la política, no t'hi fiquis». Quan va arribar la Transició, primer es va exagerar la importància de l'antifranquisme i després es va exagerar el caràcter rupturista de la transició a la democràcia. I tothom mirava cap a l'altra banda. Però, sigui com sigui, el cas és que, fins a la meitat dels anys setanta, es va viure sense llibertats fonamentals i que, després, hi va haver una febrada en la liberalització dels costums i en els trencaments de tradicions d'ingrata memòria, barrejant-ho tot una mica.

El conflicte generacional dels anys setanta, el dels pares de llavors contra els pares d'ara, va simbolitzar aquesta ruptura de models. Potser tampoc no va ser exactament allò que després s'ha explicat. Se n'ha idealitzat el contingut i exagerat les proporcions. Però sí que les discussions entre alguns pares i fills d'aquell moment representaven aquesta ruptura entre la cultura repressiva del franquisme i una expectativa de cultura en llibertat, finalment només aconseguida a mitges.

Ara bé, la crítica dels models anteriors va arribar a constituir-se en l'únic model possible, sense proposar-ne d'alternatius. Era, sobretot, una febrada esperada, una bona febrada, si es vol, però insuficient des del punt de vista de la transformació cultural. Com passa sovint, se sabia el que es rebutjava més que no pas el que es volia. I a l'hora de fer la crítica, com se sol dir, sovint es llençava l'aigua de la banyera amb la criatura dins. Amb molta facilitat vam confondre allò que era fonamental amb el que era accessori, es barrejava el fons i la forma. La crítica d'uns determinats formulismes socials es convertia en una crítica genèrica de les formes socials, i la crítica de l'autoritarisme en la crítica de l'autoritat.

De l'eufòria al pessimisme

Però després també va passar el següent: la crisi econòmica dels anys setanta va aigualir molt la festa del final del franquisme. Culturalment i sobretot educativament, el paisatge que havia de ser brillant es va anar enfosquint. I aquesta podria ser una altra gran conclusió d'aquesta panoràmica que explica el món dels adults d'ara. En èpoques de progrés material i d'esperances sòlides, s'és molt receptiu a la crítica cultural i política. Però en èpoques de crisi, ens tornem conservadors. I els adults d'ara mateix, en termes generals, es pot dir que havíem estat nens i joves formats en l'optimisme però que ens ha tocat fer de pares en el pessimisme. Vist a distància, potser es pot dir que ni era tan justificat l'optimisme dels anys seixanta i part dels setanta, ni ho és el pessimisme dels vuitanta o els noranta. Tanmateix, ni l'optimisme ni el pessimisme solen tenir gran cosa a veure amb les constatacions objectives de la realitat, sinó només amb estats col·lectius de l'esperit. I els estats d'ànim col·lectiu, difícils d'entendre i de preveure, són determinants en el destí dels pobles.

Si l'assaig d'interpretació que he sostingut fins aquí, tot i les simplificacions, s'aguanta de manera raonable, sembla que la tercera conclusió hauria de ser prou clara. Els adults que constituïm el gruix dels pares actuals, els educadors d'ara, no ens hem avingut a la crisi d'expectatives d'un cert període de crisi econòmica i de normalitat política, i hem desenvolupat una visió catastrofista sobre el present que hem transmès, fatalment, als fills. Potser en aquests adults actuals hi ha vagues records d'una infància menys fàcil que la d'ara. Però, sense cap mena de dubte, va ser més satisfactòria i esperançada, tot i les estretors del moment. Alguns d'aquests adults vam ser partícips, com a pares incipients, d'aquell optimisme que va arribar a portar al món, a Catalunya, més de 110.000 criatures el 1975. Però aquests mateixos adults, ara, malgrat la millora en el benestar econòmic i l'obertura espectacular d'horitzons culturals, sembla que no sabem traspassar als nostres propis fills aquella confiança en el futur que ens havia ajudat a superar les pròpies dificultats quan eren més dures. La incertesa i el desencantament són, doncs, el clima cultural de molts dels nostres fills. Una incertesa que, entre d'altres raons, també deu ajudar al fet que, vint anys després, només neixin, a Catalunya, al voltant de 50.000 nadons, xifra que amb prou feines iguala el nombre de defuncions anuals.

I aquí hi ha una doble consideració que al final del llibre desenvoluparé més extensament. D'una banda, a la Catalunya d'aquest final de segle, hi pesa un pessimisme social i cultural injustificat que explica una greu manca de capacitat en algunes capes socials mitjanes per desvetllar expectatives estimulants en els seus descendents. De l'altra, aquest pessimisme social i cultural es tradueix, també, en una manera de parlar, a casa i a l'escola –i sobretot als mitjans de comunicació socials–

en relació amb el passat i el futur del tot descoratjadores. I, en qualsevol cas, s'ha de dir que des del punt de vista de l'educació, uns pares o uns mestres generacionalment pessimistes, o entristits, o descoratjats, no són el millor punt de partida per portar la seva responsabilitat a bon port.

Cal conservar l'adolescent perdut

Ja he dit que en un retrat genèric com aquest no hi entra tothom. Uns, perquè per edat o altres circumstàncies són fora del camp de la fotografia. D'altres, afortunadament, perquè solen moure's fora dels encasellaments genèrics, i ja fa temps que s'han apartat d'aquest quadre pessimista. Fins i tot, es podria dir que en el retrat, de fet, no hi ha ningú, perquè es tracta d'una caricatura que en cap cas ha buscat la descripció exacta de les fesomies. Si jo mateix només m'hi sento molt parcialment identificat, com puc tenir la pretensió de forçar ningú a ser-hi? Ara bé, si el paisatge general és aquest que he descrit, què hi podem fer?

La meva proposta és que els educadors incorporem l'*adultesa* entre els temes a prendre en consideració en la tasca educativa. La pregunta ha de ser si com a adults sabem estar a l'altura de les responsabilitats educatives que tenim. Si vivim realment com a adults madurs o si la nostàlgia d'una joventut enyorada ens fa difícil relacionar-nos amb les generacions següents de manera serena. Em demano, en definitiva, si els adults hem sabut trobar el nostre lloc.

La mirada reflexiva cap a nosaltres mateixos no ha de ser, en cap cas, per incrementar la inseguretat. Ni per justificar-nos, ni sentir-nos víctimes de l'entorn. La reflexivitat autocrítica hauria de ser la condició per encarar els desafiaments educatius d'ara amb la mateixa empenta que, en el seu moment, vam tenir per plantar cara als encarcaraments del món adult de llavors. Comprendre l'adult que som vol dir saber mantenir el diàleg entre l'adolescent que vam ser i l'adult que es resisteix a ser-ho plenament. M'agrada com ho diu Miquel Martí i Pol:

No trobaràs l'adolescent perdut
ni entre papers ni al fons de cap calaix
amb molts objectes plens de pols i oblit.
L'únic indici cert i sorprenent
se't revela a la pell, si la contemples
amb ulleres de vell, sense recança
ni enyor, seguint si cal la filigrana
del tosc dibuix.
Aquesta és la clofolla;
sempre ho ha estat, i xaragalls i dunes,

marors i calmes li fan de corpenta.
L'adolescent ha envellit molt amb tu,
però, tossut, encara et repta i clama,
desesperat i greu com un asceta.
Ell no seria sense la clofolla
que examines sovint amb lucidesa,
potser distanciant-te de la presa
d'una vida que volen imposar-te
i has refusat.
Però i tu? Què series
sense el ferotge adolescent que et vetlla,
provocatiu i exigent? Qualsevol
cop de vent et faria trontollar
i perdre l'equilibri. No hi ha mar
sense platja, ni terra sense cel.
No busquis més, endreça bé els calaixos,
desa els papers i escriu quan ell et dicti.

7
A favor de la televisió

No són bons els plantejaments fàcils que divideixen el món en bons i dolents. I tampoc no ho són les formulacions tòpiques que encarcaren el pensament amb el midó dels prejudicis. Cal desconfiar-ne per sistema. Per això, com que quan es parla de televisió, des del punt de vista educatiu, se sol utilitzar un to rotundament catastrofista i en molts casos se'n parla amb una mena d'irritació francament exagerada, m'ha semblat oportú revisar les idees que fan de la televisió un artefacte tan perillós. Tanta evidència sobre la maldat de la televisió em sembla sospitosa. Ara bé, tampoc no m'agradaria passar directament del catastrofisme a la beneiteria respecte de la bondat de la televisió. Per això, el títol del capítol no ha d'enganyar ningú: vol ser només un punt de partida impertinent que obligui a repensar críticament el paper de la televisió des del punt de vista de l'educador.

Un punt de vista esbiaixat

Tota observació de la realitat social porta incorporat un punt de vista no necessàriament conscient. Sempre mirem la realitat des d'una posició o altra i no pas des de tots els punts de vista possibles. Vivim dins la realitat, no pas fora. I la veiem des de dins. Si, a més, l'observació neix no d'un mirar per mirar badoc, sense intenció, sinó d'una preocupació o d'un interès molt precisos, llavors el punt de vista perd perspectiva, perd distància respecte de la cosa observada –és a dir, perd consciència de la seva parcialitat– i pot arribar a ser profundament deformador d'allò que veu.

Doncs bé, la meva opinió és que el debat sobre la influència i el paper de la televisió pateix un doble biaix inicial en les perspectives dels qui en solen parlar, cosa que impedeix que tractin la qüestió amb prou equanimitat. D'una banda, hi ha el biaix que prové del món acadèmic i de la cultura escrita, que té el paper i el llapis com a instruments fonamentals d'accés a la realitat i que els utilitza per descriure-la i, en definitiva, per apropiar-se-la. De l'altra, hi ha el biaix dels que adopten el punt de vista de l'educador, ja siguin pares, mestres i fins i tot polítics, que solen veure la televisió com a competidora. I el món escolar, que integra els dos punts de vista, suma els dos esbiaixaments.

Pel que fa al primer cas, la de l'anàlisi feta des del món acadèmic, i particularment dels intel·lectuals, escriptors i el món tradicional de la cultura, el problema ve del fet que la televisió els és un instrument culturalment estrany. Per a bé o per a mal, aquí no hi entraré, la televisió és una eina amb un llenguatge que no només no és conegut en el treball acadèmic i intel·lectual convencional, sinó que és vist com un adversari i directament com un enemic i tot. No parlo, és clar, de la seva modesta introducció a les aules com a font d'informació, tal com hi han entrat altres noves tecnologies com ara els micròfons sense fil o les pissarres blanques de plàstic i els retoladors. Em refereixo a la televisió com a eina de *pensament* i d'*escriptura* en la producció i la divulgació de coneixement.

Ajustament de comptes

Així com, temps enrere, una certa i potser justificada desconfiança respecte de la gent amb massa estudis, feia dir que el llegir podia fer perdre l'escriure, ara, per al món del paper i el llapis, la televisió és qui escampa el virus de la banalització cultural. Es contraposa una suposada alta cultura escrita amb la cultura audiovisual popular, particularment la televisiva, que seria pura escombraria. I aquest punt de partida també acaba condicionant la majoria dels estudis que es fan sobre la televisió i la informació que se'n dóna.

Tot fa pensar que, d'entrada, a la televisió ja se l'estudia com si fos una malaltia. Les anàlisis de les quals la premsa es fa ressò, més que no pas una aproximació objectiva a la televisió, semblen veritables ajustaments de comptes. Cito alguns titulars de premsa que parlen de televisió que il·lustren perfectament aquest to habitual: «La UNESCO afirma que els efectes en els nens de la violència a la TV són universals» (*Avui*, 21-2-98); «El psiquiatre Enrique Rojas alerta que la TV banalitza la realitat» (*Avui*, 22-07-99); «Els nens que veuen massa televisió dormen menys i pitjor que els altres» (*La Vanguardia*, 10-09-99).

L'exageració i l'ajustament de comptes es veu ben clar en el cas dels estudis sobre els hàbits televisius. Aquí cal recordar un parell de coses. Una, que els estudis sobre les audiències solen ser pagats per les mateixes cadenes de televisió per demostrar que tenen molts espectadors, com més millor, davant de les empreses de publicitat. Per tant, per fer aquests estudis s'utilitzen uns sistemes de mesura *generosos* que en tenen prou de saber si el televisor està engegat més que no pas si se'l mira ningú. Per això, les mitjanes d'hores que diuen que mirem televisió no sé fins a quin punt són certes: jo no me'n fio. I, en cas de ser certes, cal anar en compte abans d'escandalitzar-se'n. Ja sé que sona fort saber que si una criatura veiés quatre hores diàries de televisió des dels cinc anys, quan es jubilaria hauria passat exactament deu anys de la seva vida, nit i dia, davant el televisor. Però també impressiona saber que passem més de vint-i-cinc anys de la nostra vida dormint, o que els homes solem perdre aproximadament sis mesos de la nostra existència, nit i dia, afaitant-nos.

La segona cosa que cal tenir present és que la majoria d'enquestes d'opinió sobre hàbits televisius acaben sent més una manera de transmetre estereotips que no pas una eina al servei del descobriment del paper de la televisió i de la seva crítica objectiva. L'enquesta pretén obtenir una mena de confessió íntima que interessa i es fa pública en la mesura que és escandalosa, si no, no és notícia. Per tant, l'enquesta entra en la vida privada del ciutadà per descobrir-hi, sobretot, els mals costums i les pràctiques secretes, com quan es volen conèixer els hàbits sexuals dels adolescents o la intenció de vot dels jubilats. Com aquells confessors que preguntaven: «quantes vegades, fill meu?», amb l'enquesta es tracta de comptar les hores que s'han *malbaratat* davant el televisor; saber fins a quin punt les escenes de violència ens han *impactat*; descobrir quants anuncis han *manipulat* la voluntat de l'espectador indefens, etc.

L'abús d'aquests estudis, creguts amb una fe més ingènua que la del carboner, pot arribar a fer empassar coses com ara que les reposicions estiuenques provoquen estats depressius en els televidents... Sense conèixer l'estudi, m'és fàcil imaginar que aquesta investigació d'una universitat italiana devia ser molt més afinada. Però aquesta manera d'informar-ne era, sense cap mena de dubte, la més grotesca i escandalosa.

Competència deslleial

Pel que fa al segon tipus de biaix, no és una exageració dir que en les perspectives dels educadors predomina una veritable *mediafòbia*. Ja no és, com en el cas anterior, que es tingui l'opinió que la televisió transmet una cultura porqueria oposada a la cultura seriosa escolar, sinó que s'hi afegeix la irritació de ser davant d'un nou educador, d'un *agent de socialització*, que fa una competència deslleial a l'acció educativa convencional. Agradi o no, és cert que la televisió també s'ha posat a educar –o a deseducar, o a maleducar– sense que ningú no l'hagi convidat a fer-ho. Quan els primers televisors van començar a entrar a les cases comprats per bons pares de família, no se'ls veia com a intrusos. I ara, la majoria dels ciutadans, tampoc.

Però, a més, els educadors sovint solen analitzar la televisió des de l'ambigüitat psicològica que representa ser-ne, públicament, uns analistes crítics radicals i, privadament, uns consumidors derrotats. Crec que quan es parla de televisió, la irritació sol fer transparents les tenses relacions personals amb l'objecte de debat, les males consciències i en definitiva, la frustració per la impotència de no saber deixar de fer en privat allò que s'ha de condemnar en públic. És per això mateix que crec que s'ha parlat tant de la televisió com d'una droga que crea addicció, utilitzant una metàfora que és clarament abusiva per a la majoria d'individus, i que converteix uns pocs casos veritablement patològics de *dependència* en un model del perill a què tots hauríem d'estar fatalment sotmesos. Com passa en tantes coses, la televisió és dolenta... sobretot per als altres, de qui sospitem que, pobrets, se la miren indefensos i sense la intel·ligència crítica que tenim nosaltres mateixos per defensar-nos-en.

L'adversari culpable

És en aquest clima de relacions ambigües per la intromissió en la vida privada d'una nova eina educativa de la qual no es té el control, que la televisió esdevé un gran adversari. I la irritació en contra d'aquest nouvingut s'accentua perquè, a més, ocupa l'espai més important de la casa, aquell espai que abans era reservat a la imatge del Sagrat Cor des d'on podia «bendecir cada rincón de esta casa». El televisor no només ha pres el lloc de les antigues imatges religioses, sinó que ha discutit la jerarquia dels espais ocupats pels pares davant dels fills, amb la humiliació definitiva de perdre fins i tot el poder sobre el comandament a distància.

Per conèixer aquesta competència entre pares i televisor pels espais més importants de la casa, seria ben interessant fer un estudi de com la introducció d'aquest aparell a les llars n'ha modificat profundament la distribució dels espais, els usos, el mobiliari i la decoració, els significats i les jerarquies.

El cert és que si haguéssim de fer cas d'alguns experts, la televisió és culpable de la gravíssima violència quotidiana que reprodueixen els nostres nens i nenes al pati de l'escola i els joves al carrer. També sembla l'única culpable del consumisme desbocat. De l'empobriment del llenguatge. De l'erotització desbordada. De la banalització de la cultura. Dels escassos hàbits de lectura. De la crisi en les relacions familiars. De la ignorància general de la cultura religiosa. De la mateixa desaparició de la infància perquè, segons Neil Postman, la priva de l'estat d'innocència que li era propi. I, sense voler ser exhaustiu, no hauríem d'oblidar que la televisió és culpable a Catalunya de l'espanyolització dels uns, i a Espanya de la desespanyolització dels altres. Francament: no puc emprendre la gran tasca de matisar cadascuna d'aquestes exageracions, sinó que només vull insistir en la sospita que desvetlla aquest paper genèric de gran calamitat, de plaga d'Egipte, amb què se sol parlar de la televisió quan s'adopta el punt de vista de l'educador, i que tanmateix molt sovint s'abandona tan bon punt s'arriba a casa i ens asseiem davant la pantalla.

L'ambigüitat entre allò que fem i allò que diem cal tenir-la present a l'hora de seguir els debats sobre el paper de la televisió. En la contundència de la condemna a la televisió, crec que hi pot haver més ressentiment que judici serè. I en les declaracions antitelevisives en públic s'hi pot amagar una bona dosi de frau moral, precisament de conseqüències educatives molt negatives.

La cultura de l'«entelevisament»

Sóc del parer que la *mediafòbia*, l'aversió obsessiva a la televisió, recolza sobre una noció que des del punt de vista del rigor de l'anàlisi és, com a mínim, francament confusa. Parlo de la idea d'*influència*. Tot el problema de la televisió vindria de la influència que la programació pot tenir sobre els individus, una coacció de la qual es destaquen, generalment, els aspectes negatius. Però el cert és que no és gens fàcil precisar com funciona aquesta influència, ni si és poc o molt important, o en quins casos ho és i en quins no. Així doncs, no n'hi ha prou de suposar-la, la influència, sinó que cal estudiar quins mecanismes psíquics i socials es posen en marxa quan som davant la televisió que fan que unes imatges planes es converteixin en un condicionament de la nostra manera de fer o del nostre pensament. I en qualsevol cas, no s'hauria d'admetre que des de posicions intel·lectualment rigoroses es parli de la *influència de la televisió* com qui parla de la influència dels astres, sense saber ben bé de què parlem.

Concretament, hi ha algunes grans qüestions a les quals l'anàlisi de la *influència* hauria de donar resposta. En posaré algunes. En primer lloc, caldria fer una distinció elemental entre les conseqüències de l'*entelevisament,* és a dir, del fet mateix de veure televisió, sigui quin sigui el contingut d'allò que veiem –parlo de la disposició mental del veure televisió– i les conseqüències de veure uns determinats *continguts* de la programació televisiva. Estic convençut que el primer fet, la manera de mirar, és més significatiu que el segon, allò que es veu. Fins i tot, la manera de mirar em sembla més perillosa en potència, tot i que a l'hora de parlar d'influència no es parla mai de l'actitud mental i l'entorn social de l'entelevisament i en canvi sempre es discuteixen els continguts de la programació.

A més, em sembla clar que ni tothom veu la televisió amb la mateixa disposició, ni una mateixa persona la veu sempre de la mateixa manera. La televisió ens pot encaterinar o avorrir, ens pot emocionar o irritar, entretenir o fer venir son. I la podem veure sols o en colla, amb la intenció de poder comentar el que hem vist amb els amics o de dissimular que l'hem estat veient, amb la pressió de l'èxit d'una sèrie o amb la curiositat per un programa trobat a l'atzar.

A favor del meu convenciment que el més important són les condicions personals i socials de com es mira la televisió, podria esmentar una dada ben simple: hi ha estudis que asseguren que els membres de les famílies de cinc o més components veuen una mitjana de 90 minuts diaris menys de televisió que la mitjana dels membres de famílies de fins a quatre components. És a dir, pràcticament la meitat del temps. Prenguem la xifra amb tota la precaució que ens ha de merèixer qualsevol estudi d'aquest tipus, però el fet podria fonamentar sospites intel·ligents, com ara que la televisió té per funció principal dissimular l'avorriment que produeix un excés de temps d'oci viscut de manera desordenada. O que ocupa el temps de la manca d'interacció personal que es pot produir en unitats familiars molt petites. En definitiva, el *com* es mira la televisió és un factor que cal estudiar en relació amb el *què* es mira, és clar, però per ell mateix ja ens podria proporcionar unes claus d'interpretació extraordinàriament significatives del paper de la televisió i les seves conseqüències.

Parlant d'influències

En segon lloc, també cal pensar que hi ha *influències* de la televisió que es produeixen en un determinat sentit només pel fet que fan impossible dedicar-se a altres coses. Potser no és massa original dir-ho, però la més gran influència de la televisió es produeix per allò que no deixa fer, i no pas per allò que fa. Parlo del fet que veure televisió limita la conversa familiar, o que ens pot deixar sense temps de lectura o de joc al carrer, o que ens obliga a modificar els hàbits horaris, per posar alguns exemples. En aquests casos, l'anàlisi de la *influència* hauria de ser, sobretot, una anàlisi d'allò que la televisió ha «impossiblat», per dir-ho amb aquesta bonica expressió eivissenca. És a dir, d'allò que hem perdut per culpa seva.

En relació amb el *què* es mira, en tercer lloc, també cal filar molt prim. Tothom pot adonar-se que no es pot tractar de la mateixa manera –per bé que la diferenciació és complexa– el que són presumptes descripcions televisives de la realitat fàctica d'allò que són programes de ficció. Els límits no són clars, i el problema no rau només en la dificultat de saber què hi ha de fictici en el retrat que un informatiu ens fa de la societat, sinó que també fins a quin punt una ficció dramàtica és presa com a model per orientar la pròpia realitat. Però, sobretot, la dificultat a l'hora d'estudiar la influència de realitat i ficció és saber quina és la perspectiva del televident.

Una perspectiva que vindrà donada per la seva capacitat de discerniment que, a més de variar amb la maduresa psíquica, també ho farà segons el context personal en què es produeix la descodificació i la interpretació del missatge televisiu. Deixeu-me fer una pregunta: la violència gratuïta d'un heroi fantàstic i la seva espasa màgica vista en uns dibuixos animats és comparable, a efectes de la seva influència, amb la violència real vista a la televisió i practicada per uns policies reprimint amb duresa uns estudiants de la Universitat Autònoma o la d'uns manifestants antifeixistes en un telenotícies? Des del punt de vista de la influència, són la mateixa cosa i tenen efectes semblants? I quina és pitjor?

En quart lloc, quan es parla d'influència tampoc no se solen tenir en compte altres coses que em semblen decisives per poder-nos formar una opinió rigorosa. Per exemple, seria molt important saber si parlem d'influències permanents i acumulatives, o de si només tenen efectes a curt termini, mentre dura la sèrie o just després de veure-la. O encara si les conseqüències d'una emissió televisiva només es noten a la llarga. Ho diré amb un parell de preguntes iròniques: les angoixes psíquiques que devia produir en les consciències infantils la sèrie *Marco,* el nen que buscava desesperadament la seva mare, han marcat la generació que la va veure? I la violència màgica del *Bola de Drac*, permetrà caracteritzar a la llarga una generació d'adolescents més agressiva?

Així mateix, també seria interessant distingir entre una influència per imitació i una influència per rebuig, perquè no s'ha de pensar que els models televisius només poden copiar-se, sinó que també hi ha programacions que provoquen indiferència i d'altres animadversió. D'altra banda, no és raonable pensar que una violència televisiva simulada i virtual pot sublimar una agressivitat real? I a l'inrevés, és que a ningú no l'han revoltat les amables imatges televisives d'una població dòcilment sotmesa al tirà de torn? Veure una pel·lícula violenta, ens fa violents o ens pot fer passar les ganes de ser-ne? I quan, i a quants, i per què? Massa preguntes per respondre-hi taxativament, oi?

També em costa molt d'entendre, en cinquè lloc, que es pugui parlar de la gravetat d'una influència genèrica, com si els individus en fóssim màrtirs genèricament indefensos. Crec que no es pot pensar que tothom hagi de ser víctima de totes les influències, ni que la mateixa influència ens faci víctimes en el mateix sentit. Vull dir que no a tots ens afecten les mateixes coses ni de la mateixa manera. Per tant, em semblen inacceptables, inconsistents i demagògiques les conclusions d'aquell estudi de la UNESCO que afirmava que els efectes en els nens de la violència a la TV són universals. De cap de les maneres és creïble que es puguin universalitzar els efectes d'una mateixa programació televisiva tant sobre el fill d'una alta executiva novaiorquesa divorciada tres vegades, com sobre el noi gran d'una mare afroamericana d'Atlanta amb el marit a la presó. Ni en la filla d'un carnisser i marit exemplar –segons els cànons catalans– de Vic, en els bessons d'una parella joveníssima de Xangai, o sobre la quitxalla d'un guerriller fonamentalista afganès.

Els suposats efectes

En aquesta mena d'estudis, el sentit comú dels que responen sol contrastar amb l'estupidesa de qui pregunta. Només així s'entén que algú pugui preguntar directament a nens i nenes, com en aquest treball, si «hi ha coincidència entre la percepció de la seva realitat i el que veuen a la pantalla». Perquè, una de dues: o els nens i nenes poden respondre la pregunta amb lucidesa, i llavors el problema de la *influència* desapareix, o els nens i nenes confonen una cosa i l'altra, i llavors no estan en condicions de respondre a la pregunta! I s'ha de ser molt sapastre per concloure, com es feia en aquest estudi, que com que el 88 per cent de nens de tot el món saben qui és *Terminator*, el personatge de ficció cinematogràfica, això vol dir que es tracta d'un «veritable mite mundial». Confondre un èxit cinematogràfic amb un «veritable mite mundial» mostra que on hi ha veritable banalitat és a les conclusions de determinades investigacions.

Finalment, alguns autors, però, van més lluny –i més a fons– a l'hora de parlar dels efectes de la televisió. Per Neil Postman i Giovanni Sartori, per exemple, l'existència de la televisió afectaria les maneres de conèixer i, per tant, les formes de relacionar-nos amb la realitat. Segons ells, la cultura de l'escriptura i la paraula hauria quedat abandonada pel domini gairebé absolut de la cultura de la imatge. La tesi que sostenen és suggestiva i val la pena examinar-la. Però també tinc algunes preguntes per fer. Per exemple, m'agradaria saber si, necessàriament, unes maneres de conèixer impliquen la desaparició de les altres, sense que puguin coexistir. Es pot dir que la generalització de la cultura escrita, amb l'alfabetització de la població, va fer perdre la capacitat prèvia per a la cultura oral? Per què la cultura de la imatge hauria de substituir d'arrel la de l'escriptura? No pot ser que, paradoxalment, la cultura televisiva ens hagi retornat parcialment a la tradició oral?

En definitiva, obert a considerar la importància de l'entrada a la cultura contemporània d'unes noves formes de representació de la realitat, de moment mantinc el meu escepticisme sobre la possibilitat d'uns processos de substitució total d'unes habilitats cognitives per les altres.

D'estudis seriosos sobre la noció d'influència i com estudiar-la, prou que n'hi ha. Però no tenen res a veure amb aquests prejudicis reduccionistes, alimentats per estudis de mala qualitat, als quals se sol recórrer per fomentar el catastrofisme televisiu que, en últim terme, permet autojustificar tants fracassos educatius.

L'abans i el després de la televisió

Una altra gran objecció que es pot fer al dramatisme amb què es jutja el fenomen televisiu, és que tota l'argumentació relativa a les maldats d'aquesta forma d'espectacle audiovisual es fonamenta en la més que incerta invenció d'un «abans» i d'un «després» de l'existència de la televisió. Seria absurd negar la importància de la introducció de la televisió en la modificació dels estils de vida social. Però es tracta d'una novetat semblant, paral·lela i pràcticament indestriable a la de l'extensió, posem per cas, de l'ús privat del telèfon i la modificació dels hàbits de relació interpersonal, o a la introducció dels tocadiscos, cassets, walkmans i discmans a les llars i, amb ells, de tota la nova cultura popular que ha portat la generalització de la música enllaunada des dels anys 50 i 60. Saber quina part de responsabilitat en determinats canvis culturals és deguda a la televisió i no al telèfon o a la música reproduïble, és un afany inútil, per bé que no deixa de ser curiós que ni el telèfon ni la influència del món de la música moderna i els seus ídols no siguin considerats culpables de cap crisi moral.

Al costat de la televisió, el telèfon o el món de la indústria discogràfica, com a factors de canvi cultural i social, entre molts d'altres, també caldria comptar amb la importància del cotxe privat, de la reincorporació de la dona al treball, de la invasió de la imatgeria publicitària en el nostre imaginari col·lectiu i, per què no, de l'escolarització obligatòria fins als setze anys.

Em sembla curiós que es perdi de vista que tots aquests factors podrien explicar parcialment els canvis culturals que s'atribueixen en exclusiva a la televisió. Sóc conscient del to provocador de posar al mateix cove aquests fets tan diversos i que han rebut consideracions morals tan diferents. Però no em sembla una provocació gratuïta. La pregunta és: per què hem absolt tan fàcilment el cotxe particular o el telèfon a l'hora de considerar la importància de la seva influència –no sempre positiva– en el canvi d'hàbits socials, i en canvi hem condemnat gairebé sense proves la televisió? No és cert que canvis socials considerats molt positius, com ara l'escolarització obligatòria fins als setze anys, també han comportat, per exemple, un increment de la violència a les aules i no per això se n'ha de revisar el principi, sinó només l'aplicació?

La televisió fa un sol paper?

L'entrada de la televisió a la llar domèstica, sense cap mena de dubte, ha estat un factor decisiu de canvi cultural. Però, recordem-ho bé, d'entrada no va ser pas vista amb aquesta preocupació. A Catalunya mateix, i probablement seguint models forasters, recordo que alguns rectors, especialment al món rural, van ser dels primers a posar un televisor a les sales parroquials per fer-la accessible a tothom, com a aportació decidida i valenta a la modernització d'aquella societat culturalment tancada. Ningú no pot negar que la televisió ens ha permès descobrir nous mons, fer noves experiències, conèixer nous llenguatges, obrir-nos a nous mercats, afeblir antics endoctrinaments, modificar vells costums socials, etc.

El professor escocès de la Universitat de Caledònia a Glasgow, Hugh O'Donnell, en un complet estudi sobre més de cinquanta telenovel·les a Europa titulat *Good Times, Bad Times. Soap Operas and Society in Western Europe* (Londres, 1998), ha destacat el paper modernitzador d'aquestes produccions televisives, especialment en qüestions de moral tradicional. Les telenovel·les, que tenen tants detractors entre la intel·lectualitat progressista, sembla que, per exemple, han facilitat enormement la tolerància i l'acceptació social de l'homosexualitat o el lesbianisme, una tolerància que és justament presentada com un valor progressista.

La pregunta difícil de respondre, doncs, és quina ha estat l'especificitat que la televisió ha aportat a tots aquests canvis. Quins n'han estat els efectes particulars que s'han sumat, han potenciat o han restat eficàcia a tots els altres factors de canvi. I, en qualsevol cas, caldria saber per què la televisió hauria de ser més culpable que tots aquells altres factors.

Preguntes que cal fer-se

Però si és difícil saber la importància exacta de la televisió en un temps influït per molts factors de canvi, no és menys difícil saber què és el que era específic d'aquell *abans* mític sense televisió que constantment volem comparar amb l'*ara* entelevisat.

Per poder il·lustrar millor el que vull dir, tornaré al cas de la violència i l'agressivitat. Ja he parlat de l'estudi de la UNESCO, fet a més de 5.000 nens i nenes de tot el món, que pretenia certificar els efectes universals de la violència televisiva i la seva gravetat. Però, torno a tenir algunes preguntes gens ingènues per fer: a) la violència patida sobre la pròpia pell, els càstigs físics en l'àmbit familiar i escolar, habituals en la societat de l'*abans* televisiu, és que no tenien cap influència en la violència general de la societat?; b) el rebuig social, que és cada vegada més gran, en relació amb la crueltat implícita en costums socials com la cacera o l'ús d'animals en les festes populars, té res a veure amb un canvi cultural respecte de les actituds violentes pròpies de les societats agràries anteriors, o no?; c) on hi ha més violència i més directament experimentada: en la duresa de la vida al camp, en una infantesa viscuda en la guerra i la postguerra, en certes societats regides per una forta disciplina moral de tipus religiós, totes sense televisió, o en un estil de vida urbà i benestant?

I, concretament, quina situació pot generar actituds més violentes? No és cert que podríem estar confonent la repressió o la dissimulació de la violència amb l'absència de violència? La resposta a tot això és massa complexa per donar-la només amb quatre intuïcions, però en tot cas és clar que s'ha d'anar en compte a fer comparacions fàcils entre l'ara i l'abans.

Se'm podria acusar de fer demagògia si l'argument que ara sostindré el posés al servei d'una defensa unilateral de la televisió, cosa que ja he dit que no pretenc. Però, si volem discernir quina és, tan exactament com sigui possible, la responsabilitat de la televisió en un afer tan greu com el de la violència a la nostra societat, especialment en la d'alguns joves i sobretot en el món infantil, sí que cal atrevir-se a fer la consideració que proposaré tot seguit. Si partíssim, com fa l'economia, de suposar el moviment d'una sola variable en el conjunt del sistema social, mantenint fixes les altres –d'això se'n diu *ceteris paribus*–, quina seria la conseqüència d'eliminar totalment la televisió? O, més moderadament, de només reduir-la a una televisió fonamentalment educativa, o fins i tot, simplement, de suprimir-ne els elements violents?

Jo crec que hi ha raons per pensar que, en qualsevol d'aquests casos, s'incrementaria de manera notable la tensió social i que augmentarien els casos de violència domèstica i al carrer que ara tan alegrement atribuïm a la mateixa televisió. Vull dir que, posats en una balança, no sé si els possibles efectes de la televisió que provoquen més violència (i que no nego) no són menors que la capacitat que té per reduir aquesta violència, ateses les condicions inclements de la vida urbana de molts nens i nenes. Naturalment, si en sortir d'escola una criatura pogués anar a córrer al camp de davant de casa, fantàstic. Però si l'alternativa és tancar-lo dues hores més a fer anglès i música, tinc dubtes seriosos de si no és més convenient que bereni davant el televisor. Tot això demanaria anàlisis aprofundides, però com a hipòtesi no em sembla inversemblant.

En resum, allò que complica la idea d'una influència directa i simple són totes aquestes preguntes per a les quals no tinc resposta. Preguntes sobre si els graus de violència i agressivitat en la societat pretelevisiva eren superiors o inferiors als actuals, o com fer un balanç entre influències diguem-ne *positives* i influències *negatives* de la televisió, i si podrien existir les unes sense les altres. Al capdavall, crec que no podem tenir la certesa que la prohibició d'alguns continguts de les programacions televisives infantils, com va ser el cas del famós *Bola de Drac*, sigui una bona decisió. La violència repressiva que representa exercir un tal tipus de censura no és segur que sigui globalment beneficiosa i que no tingui efectes semblants als que sempre han provocat les «lleis seques» que han volgut prohibir les males conductes.

La tesi de la banalització

Finalment, crec que cal posar moltes objeccions a les hipòtesis que atribueixen a la televisió la responsabilitat de la banalització de la cultura actual, la sistemàtica manipulació moral i política de la població i de ser una via cap a la irracionalitat a causa del seu component emocional.

Els defensors d'aquesta mena de posicions sobre la televisió tenen la batalla intel·lectual guanyada d'avançada. Tan guanyada, com tenen definitivament perduda la possibilitat que la televisió sigui una altra cosa del que és. O que les seves raons siguin ignorades sense compassió pels televidents que haurien de ser els beneficiats de la seva guerra intel·lectual. Penso en autors que ja he citat abans, en clàssics com ara Neil Postman, a *Divertim-nos fins a morir* (Nova York, 1985) o famosos com Giovanni Sartori, a *Homo Videns* (Roma, 1997). El primer, amb una argumentació sòlida i ben documentada, denuncia la banalització de la cultura que va lligada, de manera indestriable i sense remei, al món de la imatge. La televisió seria l'acompliment d'aquell *món feliç* d'Aldous Huxley, en el qual els individus acaben adorant les tecnologies que anullen la seva capacitat de reflexió: «la veritat s'ofega en un mar d'irrellevància», diu Postman.

Per la seva banda, Sartori, de manera més superficial i pamfletària, denuncia els mecanismes de manipulació d'una societat teledirigida. Des del meu punt de vista, els aspectes més sòlids del seu discurs són manllevats de Postman, i els més febles són construïts a partir de mitges veritats. Un i altre, en definitiva, presenten l'individu actual, l'*homo videns*, com un personatge emportat per la irracionalitat. «En perdre la capacitat per a l'abstracció –escriu Sartori–, és *eo ipso* incapaç de racionalitat i és, per tant, un animal simbòlic que ja no té capacitat per sostenir i menys encara per alimentar el món construït per l'*homo sapiens*.» Segons Sartori, aquest *homo videns* és un *homo insipiens,* neci i ignorant.

Les resistències que tinc davant dels arguments dels dos autors són diametralment oposades: de Postman, en desconfio per la forta seducció que causa la seva argumentació. Sartori, en canvi, irrita per la seva fatuïtat i supèrbia davant la majoria dels mortals. L'argumentació de Postman sembla irrebatible en molts punts, sobretot els relatius a la nova manera de conèixer que es desprèn del paper dels actuals mitjans de comunicació de massa, especialment pels problemes que crea el procés de descontextualització de la informació que rebem i la seva dificultat d'interpretació. En canvi, crec que Postman contraposa aquest present a un passat inexistent, a una cultura de l'escriptura que, a més d'haver estat d'accés molt minoritari, no es pot pas dir que històricament hagi estat un antídot de la barbàrie que atribueix a la cultura de la imatge i l'espectacle.

Per la seva banda, Sartori inventa un individu absolutament mancat de cap altra referència cultural que no sigui l'audiovisual. I dibuixa un món i un individu unidimensionals on tota la manipulació apunta cap a la mateixa banda. L'aristocratisme de la perspectiva de Sartori –«la cultura audiovisual és inculta i, per tant, no és cultura», arriba a dir–, portada a les seves darreres conseqüències, obligaria a menystenir també tota la tradició de teatre i cançó populars, el cinema actual o l'espectacle esportiu de sempre. I aquest és un camí perillós: la humanitat que ell dibuixa necessita, sense cap mena de dubte, ser salvada, ja que per ella mateixa no se'n pot sortir.

Consideracions contra la radicalitat

Al costat de les tesis de Postman o Sartori, vull proposar tres consideracions que, si més no, crec que matisen la radicalitat dels punts de vista d'aquests autors. En primer lloc, s'ha de recordar que el coneixement sempre ha estat desigualment repartit, segons les formes de poder de cada societat. La nostra societat, en això, no és diferent de les anteriors. Darrere d'un mitjà com la televisió hi ha poders que treballen per mantenir les dependències econòmiques, tecnològiques i culturals. O per afavorir la desigualtat a través dels mecanismes de classificació social que imposa la publicitat en les nostres consciències. Però la creació de formes de desigualtat ha estat també present en totes les utopies religioses més ben intencionades, i darrere dels orígens de l'escola com a institució o de la utilització dels coneixements mèdics. Sempre caldrà trobar mecanismes per controlar i limitar el poder abusiu i fer-ne la crítica. Però em sembla arriscat afirmar que la societat actual està més manipulada que les anteriors.

Segonament, crec que la temptació d'oposar emoció i raó és empobridora en qualsevol anàlisi de la realitat, perquè si bé és cert que solen experimentar-se en tensió, no és menys cert que s'alimenten l'una a l'altra. Es pot dir que no hi ha descobriment científic sense passió, així com una defensa racional de la dignitat humana és la que explica la passió que porta a arriscar la pròpia vida pels altres. I també es pot dir que una emoció amorosa madura exigeix molta racionalitat en l'expressió dels sentiments. Seria absurd negar que la cultura audiovisual recorre als mecanismes emocionals, però, per què l'emoció hauria d'ofegar la raó i no en pot ser una provocació, un estímul, com efectivament és en moltes ocasions?

Finalment, considero que hi ha una contradicció entre la gravetat que s'atribueix a la influència de la televisió i l'argument de la banalitat de la cultura televisiva. Crec que l'error fonamental és imaginar l'entelevisament com una sessió d'adoctrinament ideològic en una aula d'aprenentatge sistemàtic.

Veure televisió crec que més aviat s'acosta a l'estadi del *badar*, a un tipus d'atenció que se situa, generalment, en un perfil d'aprenentatge baix. Quina proporció d'hores d'audiència televisiva no deuen ser de mirada poc o gens atenta? Oi que no és el mateix pagar tres mil pessetes per anar a escoltar un concert al Palau de la Música que endormiscar-se davant una pel·lícula de sang i fetge? En resum: la banalitat rau en els continguts televisius o en la manera de veure televisió? I si veiem televisió de manera banal, per què els efectes han de ser els mateixos d'un adoctrinament sistemàtic? Si la recepció de la televisió és banal, difícilment podrà banalitzar l'experiència cultural, que en tot cas em sembla que té altres causes.

En defensa de la televisió?

Ja he dit que no sóc amic dels debats de blanc contra negre. I que no pretenc substituir el catastrofisme dels uns per la beateria d'altres. Tanmateix, potser és un cert pessimisme sociològic el que em fa abandonar d'entrada alguns combats que, segons com es formulen, em semblen inútils. Per dir-ho des d'un punt de vista pràctic: si s'aconseguís, a base de pressió social, fer alguna mena de control sobre els continguts televisius i accentuar els continguts formatius de les grans corporacions televisives, com evitaríem que la mirada dels televidents no es desviés a la recerca de l'escombraria perduda a les televisions locals, pirates, per satèl·lit o via Internet, impossibles de controlar?

És cert que la televisió és còmplice de la societat que tenim, però jo no la'n faria culpable. I si algun dia la societat arriba a prescindir de la complicitat de la televisió com a instrument de poder, serà perquè ja disposarà d'un altre instrument encara més eficaç. Potser llavors, la televisió, quan sigui una eina obsoleta per a l'exercici del poder i per imposar l'ordre social, es podrà dedicar a posar en guàrdia contra el sistema. Potser com ja ho pot fer ara l'escola, bo i pagant el preu d'una relativa irrellevància.

La televisió, doncs, de moment encara és una realitat virtuosa, en el sentit literal: que té força, que és vigorosa. Com ho solen ser tots els instruments de poder, siguin econòmics, polítics o ideològics en general.

I com ens hi hauríem de relacionar? Doncs amb una estratègia doble: primer, no fent-ne un adversari més gran del que és, fins al punt que no ens veiéssim capaços de plantar-li cara. I segon, cal educar la mirada dels ciutadans per tal que sigui tan forta de caràcter, tan virtuosa, com la mateixa televisió. Ras i curt: es pot aprendre a veure televisió, i es pot aprendre a tancar la televisió.

La defensa de la televisió, però, també és possible i cal fer-la. D'una banda, la introducció de complexitat en la nostra experiència de la societat és una garantia, també, de llibertat. Afortunadament, la televisió no és homogènia en cap sentit: ni en les possibles formes de relacionar-nos-hi, ni en els continguts o les dependències ideològiques. La televisió no és unidimensional. I aquesta complexitat fa molt difícil la manipulació simple dels individus. D'altra banda, la televisió no és una realitat estàtica. Som davant de canvis molt importants –la televisió per cable, el satèl·lit, el *pagar per veure* determinats programes, la tramesa d'imatges per Internet...– que poden transformar radicalment i en molt pocs anys la cultura de l'entelevisament. Tan ràpidament com el comandament a distància ha canviat les maneres tradicionals de veure-la, perquè ha fragmentat la visió dels programes fins a l'exasperació. I, entre aquests canvis, no són gens irrellevants les noves possibilitats d'interactivitat i accessibilitat i, en definitiva, d'allò que John Katz, a *Virtuous Reality* (Nova York, 1997), en diu la cultura del *many to many*, és a dir, la d'una televisió no pas feta per uns quants, sinó cada vegada per més, feta per molts i dirigida a molts.

Personalment, m'apunto a les tesis de John Katz: la televisió no és causa, sinó mirall de tot. I la resposta que cal donar-hi no ha de ser pas en la línia de limitar i protegir, sinó en la d'educar la personalitat de qui mira. I no crec que el remei als excessos de la televisió es puguin resoldre ni amb prohibicions a les programacions, ni amb la inclusió a l'escola d'assignatures sobre el llenguatge televisiu. Potser també s'ha de fer, però no resoldrà els excessos.

Perquè els excessos tenen a veure no pas amb els continguts de la televisió, sinó amb les causes de l'entelevisament i de tot allò que dissimula. I en aquesta mateixa línia se situen els criteris de Berry Brazelton, l'expert en desenvolupament cognitiu infantil més important del món –segons l'entrevista que publicava *La Vanguardia* (5-3-1999)–, el qual, entre altres coses gens alarmistes, afirmava que «la televisió és beneficiosa per als nens si la veuen en companyia d'adults», que prohibir-la seria negatiu o que no es pot oblidar que no veure la televisió aïlla i dificulta la socialització de nens i nenes.

L'educació de la mirada de què parlo no és una educació de la gramàtica de la televisió. Ja hem vist com l'ensenyament de llengua a les escoles pot ser absolutament independent del desenvolupament del gust per la lectura o de la capacitat per a l'escriptura i el llenguatge. L'educació de la mirada televisiva és una educació, sobretot, del mateix entelevisament, i no de la descodificació dels missatges televisius. De les causes de l'entelevisament, de la soledat, l'avorriment, la sentimentalitat reprimida o de les dificultats de comunicació, la televisió no n'és culpable, sinó, en tot cas, catasplasma, bàlsam, remei o consol.

8
No hi ha crisi de valors

Els darrers anys ha fet fortuna la idea que bona part dels problemes de la societat actual tenien la seva arrel en una profunda crisi de valors. Entre els que s'interessen pels temes d'educació, aquesta idea és tan popular que sé perfectament fins a quin punt és difícil que algú m'entengui quan dic que no n'hi ha, de crisi de valors. Però crec que cal insistir a explicar-ho, perquè si no molts esforços educatius s'acaben esmerçant en una cosa tan inútil com voler transmetre valors abstractes com per exemple la pau, la solidaritat o la tolerància. I com que l'esforç és en va, l'empresa encara produeix més desànim entre els educadors benintencionats. Al món de l'educació hi sobra ingenuïtat i correcció política i li cal més astúcia, tocar més de peus a terra i ser més pragmàtic. Tal com ho dic: no hi ha crisi de valors. Una altra cosa és que hi hagi valors en crisi i altres que més valdria que hi estiguessin.

Precisions sobre els valors

En les nostres converses quotidianes, es parla dels valors com d'una mena de *deus ex machina*. (Alerta: no tothom en parla, de crisi de valors, sinó que és una manera particular de parlar que delata un determinat tipus de preocupacions. Per tant, hauria d'haver estat més precís i dir: «els qui parlen de valors, generalment, ho fan de tal o tal manera».) És a dir, els valors són considerats com una causa primera a partir de la qual es pot explicar per què les coses van com van. Els valors serien a l'origen de les nostres decisions. Els valors orientarien les maneres de fer. Els valors farien coherent allò que fem amb allò que pensem. I si augmenta la delinqüència, si hi ha problemes de drogoaddicció entre els joves, si sembla que la gent és cada dia més intolerant, si els fills no respecten els pares o a l'escola hi ha problemes de motivació, sempre tenim la causa a mà: la crisi de valors. I, naturalment, solem pensar que si hi haguessin uns valors més sòlids, aquestes coses no passarien.

Aquesta concepció dels valors, d'altra banda, és profundament idealista, en el sentit filosòfic de la paraula, perquè com en el platonisme, serien les idees –ara, els valors– les que governarien el món. La conseqüència lògica d'aquest raonament és creure que si fóssim capaços d'educar els valors, de transmetre'ls adequadament, les persones i el món canviarien a fi de bé.

Sabem per què fem allò que fem?

Tanmateix, jo sostinc que si volem que la nostra manera de pensar tingui alguna cosa a veure amb el món real, cal parlar dels valors d'una altra manera. Des del meu punt de vista, la concepció habitual d'allò que són els valors, tal com abans l'he descrit, es basa en tres confusions greus. La primera consisteix a creure que hi ha els valors que orienten les accions i que són conscients, és a dir, que la gent en general sabem per què fem el que fem i fins i tot que coneixem quines conseqüències té el que fem.

Però, des d'una perspectiva sociològica –és a dir, mantenint una certa distància crítica respecte de nosaltres mateixos–, és fàcil adonar-se que les decisions que prenem a la vida de cada dia poques vegades són fruit d'una reflexió estrictament racional. Habitualment solem actuar atenent a unes rutines apreses al llarg de la nostra vida, guiades a vegades per idees clares i sentiments confusos, o al revés, per idees confuses i sentiments clars.

No parlo de decisions menors, sinó especialment de les grans opcions vitals: l'orientació professional, amb qui ens casem, tenir fills, les opcions de vot polític, etc., no solen ser resultat de processos racionals de presa de decisió, sinó d'intuïcions, atzars, simpaties, fins i tot malentesos. En definitiva, són resultat de tota una sèrie de mecanismes a través dels quals s'expressen els aprenentatges inconscients que hem anat acumulant amb els anys. Imaginar que una consciència clara pot explicar les nostres accions ja és un primer exemple de fins a quin punt l'autoengany orienta la nostra manera de veure les coses.

A més, si alguna cosa ens pot mostrar una consciència autocrítica és fins a quin punt les nostres accions solen tenir conseqüències diferents i contràries a allò que preteníem aconseguir. És a dir, que forma part d'aquesta mateixa confusió sobre els valors, pensar que d'una acció orientada per un valor determinat, se'n deriva una conducta favorable a aquell valor. És exactament allò que diu aquell refrany: «de bones intencions, l'infern n'és ple», i que seria tan fàcil d'il·lustrar amb aquells casos que, individualment i col·lectivament, en nom de grans principis, s'han dut a terme bestieses monstruoses.

De valors abstractes, accions concretes?

Amb tot això, ja n'hi hauria prou per sospitar que potser no és ben bé així que van les coses: «tenim uns valors i, per tant, actuem en conseqüència amb la seva orientació». Però aquesta és la segona confusió: de l'afirmació d'uns determinats valors abstractes no se'n deriven unes maneres d'actuar concretes. Els valors són formulacions tan teòriques que ens diuen ben poca cosa de les decisions que cal prendre davant situacions particulars. Per exemple, de considerar que l'educació és un valor molt important, no en podem deduir coses tan rellevants com si cal portar les nostres criatures a una escola pública o a una de privada. Per què, qui ho diu que la qualitat de la docència passa per la privada? En realitat, les coses van de manera diferent. En general –acceptant que sempre hi pot haver casos i situacions excepcionals– les decisions les prenem d'acord amb unes maneres de fer apreses i reforçades per l'experiència. I també seguim unes opinions que tant poden ser resultat d'una reflexió seriosa i ben informada com d'un prejudici tan arrelat com injustificat.

Si tornem als exemples anteriors, és fàcil imaginar que podem haver portat el fill a l'escola privada ja sigui perquè és la mateixa on havíem anat nosaltres –una raó ben capriciosa, val a dir-ho, però força corrent–, o perquè un amic, a causa de la seva mala experiència personal, ens ha convençut que és el millor. I encara perquè, tot i que no ho reconeixeríem mai –ni a nosaltres mateixos– en el fons, socialment ens sentirem més ben considerats i, mai se sap, potser a la llarga els amics del nostre fill seran de casa més bona. I a la inversa. Pot ser que portem els fills a l'escola pública adduint raons progressistes, apel·lant a la igualtat i la solidaritat i manifestant-nos en contra dels privilegis, sense reconèixer –ni a nosaltres mateixos– que preferim anar a esquiar cada temporada que haver de pagar una escola privada. On són, aquí, els valors generals i teòrics com a orientadors de les decisions?

El cas és que seria més correcte dir que els valors són unes formulacions teòriques amb les quals solem justificar les nostres accions, de manera que, en lloc de ser certa la idea que «segons els valors que tenim, actuem en conseqüència», seria més exacte l'afirmació contrària: «segons actuo, acabo pensant». I, encara més exactament: «en general, actuo segons les maneres de fer apreses de manera poc conscient, i només necessito pensar-hi si resulta que de la meva acció no se'n deriven els resultats esperats».

De fet, si es plantegen les coses d'aquesta manera, hem anat a parar a una de les més conegudes tesis de Karl Marx, exposada en el seu prefaci a la *Crítica de l'economia política* (1859): «No és la consciència de l'home el que determina el seu ésser sinó, al contrari, l'ésser social allò que determina la seva consciència.» És clar que a mi m'agradaria matisar l'afirmació de Marx i fer-la menys determinista, de manera que digués una cosa així: «La nostra consciència (sovint expressada en la forma d'una adhesió a uns *valors*) és determinada per les condicions de vida en què hem crescut. Però, encara que no sigui fàcil, també aquestes condicions de vida i les maneres de fer que se'n deriven, a vegades poden ser transformades per una consciència crítica.» Per tant, sense negar que l'adhesió teòrica a uns valors pugui orientar excepcionalment la nostra vida, és més raonable pensar que recorrem als valors per explicar la nostra vida quan, excepcionalment, necessita ser justificada.

Valors a posteriori

Finalment, hi ha una tercera confusió que porta a l'idealisme del supòsit de la prioritat dels valors sobre les accions, i que deriva d'imaginar que els valors constitueixen necessàriament sistemes coherents que donen lloc a conductes igualment coherents. Però una vegada més ens n'hem de desenganyar. El cert és que en una societat complexa com la nostra, solem actuar amb criteris diferents segons el marc social en què ens trobem. Tots sabem que la generositat amb què tractem la pròpia família no pot pas orientar la nostra conducta de bons venedors a la feina. O que els principis religiosos que han portat a un compromís polític no serveixen per fer-lo eficaç. A més, molt sovint la presa de decisions concretes posa en contradicció valors diversos que resolem amb compromisos i mitges tintes. Afortunadament, som prou llestos per no aplicar principis fixos, de pedra picada, a situacions que demanen flexibilitat, encara que se'n ressenteixi la nostra coherència general. Hem après a viure en sistemes oberts en els quals mai no podríem aplicar això que una certa sociologia en diu una *escala de valors*, però que és una metàfora poc adequada per explicar la realitat.

Les conseqüències de la meva manera de plantejar la qüestió dels valors són fàcils de preveure. Primer, resulta que la crisi de valors no explica per què les coses van com van, no n'és la causa, sinó que, al contrari, la crisi de valors és només una manera de donar compte del fet que les coses vagin com van. És a dir, només n'és una racionalització, una justificació, feta a posteriori. El que es pot afirmar raonablement és que uns determinats valors que justificaven maneres de fer pròpies d'altres èpoques, ara estan tan en crisi com les maneres de fer que pretenien justificar. Per això, i en segon lloc, podem dir que no és que hi hagi crisi de valors, sinó que hi ha valors que estan en crisi, i que són els valors que ja no poden explicar que les coses ara vagin com van.

Valors publicitaris

Per exemple, l'*experiència* podia ser un valor en un tipus de societat en què tenir-ne havia estat una qualitat pràctica que donava bons resultats. Ara, no és que l'experiència sigui un valor en crisi, sinó que en una societat que ha fet de la innovació el seu nord i guia, l'experiència és realment una nosa. Per tant, es podria dir que és absurd voler educar en el valor de l'experiència en una societat que, en el món laboral, necessita individus amb poca experiència. Com sempre, caldria filar més prim: de fet, l'experiència segueix sent important en algunes activitats productives, i especialment en els llocs de comandament laboral. Per això no seria ser mal pensat sospitar que el menyspreu actual per l'experiència potser és una arma dels poderosos al servei de la preservació de la desigualtat. I, a més, a part del món laboral, l'experiència pot ser fonamental en altres ordres de la vida.

Tanmateix, no és gens estrany que els que més parlen de crisi de valors siguin els que tenen els seus valors en crisi, i que són individus que generalment pertanyen a grups que abans havien tingut una posició de poder i ara se senten socialment arraconats (els senyors bisbes, els professors de grec i llatí, els petits botiguers d'ultramarins, les llevadores a domicili, els guàrdies civils, etc.).

En tercer lloc, hi ha una altra constatació que cal afegir a les consideracions sobre els valors: en totes les societats, els valors que hi predominen, que hi són hegemònics, passen desapercebuts i es viuen com a quelcom *natural* lligat a les maneres de fer habituals, i no pas com uns preceptes coactius o fins i tot contraris als costums. Així, per tornar a l'exemple d'abans, mentre l'experiència va ser valuosa, en tenia prou sent una bona referència pràctica per prendre decisions i no necessitava cap mena de propaganda a les escoles o a casa. En canvi, és notori que només solen ser visibles els valors que o bé estan en crisi i hi ha qui ho lamenta i ho fa saber, o bé els que volen ser imposats amb l'objectiu de produir un canvi en les maneres de fer i hi ha qui es dedica a propagar-los.

Això es pot explicar amb un record personal. La meva àvia Rosa, que vivia a pagès, sempre separava de les escombraries allò que es podia aprofitar per al bestiar. No crec que ho fes per cap mena de principi ecologista, ni encara era moda això de la recollida selectiva. Em fa l'efecte que, si mai li hagués preguntat si ho feia per coherència amb algun valor abstracte, s'hauria fet un tip de riure: era, bàsicament, una qüestió pràctica, això sí, coherent amb una actitud de moderació i respecte amb totes les coses. Ara, en canvi, les administracions públiques han de dedicar molts diners a campanyes de publicitat per recuperar aquella manera de fer, apel·lant a valors mediambientals. En el primer cas, l'actitud racional respecte de les escombraries tenia una base pràctica, seguia un costum après i el principi moral acceptat en què es recolzava era gairebé invisible.

Ara, el valor ecològic de la reducció d'escombraries s'ha de defensar amb publicitat i apel·lant a la consciència moral de bons ciutadans, per tal de convertir-lo en pràctica habitual, és a dir, en rutina. Si hi ha sort, el *valor* ecològic en qüestió es farà invisible, es farà recollida selectiva com qui fa el més natural del món, i no caldrà parlar-ne més. I, en conseqüència, seria tan absurd pensar que la manera de triar la brossa de la meva àvia era perquè, havent pogut escollir, s'havia decantat per seguir uns determinats valors teòrics, com seria absurd pensar que l'èxit de les campanyes d'ara hauria de consistir a crear una consciència ecològica coactiva més que no pas a aconseguir una no-consciència ecològica tan invisible però eficaç com la que guiava la meva àvia, que, com tanta gent a pagès, era ecologista sense saber-ho.

Els valors, ara

Precisament –i aquesta és una quarta conclusió de la nova manera que proposo de veure la qüestió dels valors– la publicitat d'una banda, i la cultura popular de massa –la televisió, el cinema, la música popular, el còmic, etc.– de l'altra, són els instruments actuals de divulgació dels valors de la nostra societat. Ho fan sense presentar-los com a sermons morals, sinó com a virtuts *naturals* del nostre temps. Si és que pareu atenció als anuncis de televisió, veureu que per justificar el consell de compra que ens donen, els cal dir què és bo i què és dolent, què és desitjable i què cal evitar. Mantenir-se jove, fer-se veure, tenir de tot, ser admirat pels individus de l'altre gènere... i tants altres *valors* es posen al servei d'un iogurt, d'un model de cotxe, d'una joguina, d'un perfum.

Publicitat i cultura popular de massa són la nova versió, més sofisticada des del punt de vista tecnològic i simbòlic, dels sermons, el catecisme i la cultura religiosa popular de la societat tradicional. Uns i altres eren i són mecanismes d'atribució de sentit i orienten l'acció dels individus. Però, és clar, l'orienten a favor del corrent, de les maneres de fer habituals, dels estils de vida dominants. Uns i altres eren i són com l'oli que fa rodar més bé la màquina. Uns i altres eren i són conservadors de l'estat de coses, el justifiquen, l'afavoreixen i l'empenyen endavant. Són, en definitiva, els portadors dels valors invisibles, dels hegemònics, dels que tenen una magnífica bona salut en aquesta societat.

La vida de cada dia i les mil petites decisions que hi prenem –des de decidir quan ens llevem i què prendrem per esmorzar, fins a escollir l'escola dels nostres fills o escollir amb quin programa de televisió acabarem el dia– no són resultat de valors abstractes. Són conseqüència de tot un trencaclosques fet de rutines apreses; d'intuïcions a favor dels nostres interessos; d'astúcies poc confessables; de càlculs a vegades encertats i a vegades no tant; de voler quedar bé; dels consells pràctics i de recomanacions morals que sentim a la televisió, a la ràdio o als amics, i fins i tot, per què no, d'alguns principis generals que estem disposats a mantenir per damunt de tota conveniència, encara que sovint siguin contradictoris entre ells.

Com he dit abans, moltes de les grans decisions que prenem no les escollim de manera planificada, sinó que ens atrapen a nosaltres de manera imprevista, i recorrem a tot el que tenim a mà per sortir-nos-en tan bé com sabem i podem. Sí, l'important és *sortir-se'n*. I, en general, només pensem en la crisi de valors, precisament, quan *no ens en sortim*. Posem per cas, quan un fill suspèn el curs i no sabem què més fer-hi o quan la filla no ens fa cas i torna dues hores més tard a casa del que li havíem dit. És llavors quan la *crisi de valors* ens cau al damunt, i necessitem explicar el fracàs escolar o la vida nocturna dels joves en termes de fracàs dels valors escolars o de naufragi de l'autoritat paterna.

Així, cal educar els valors?

Si partíssim de la manera habitual de pensar en els valors, entès com un sistema ordenat de criteris i preceptes morals conscients i reflexius que orientarien la conducta de les persones, seria molt fàcil sostenir que els valors es poden educar. Seria qüestió, en tot cas, de posar-se d'acord en quins són aquests grans preceptes –la solidaritat, la pau, la tolerància, la democràcia, potser la pàtria...– i transmetre'ls, tal com s'ensenyava abans el catecisme. Això sí, ara amb tècniques audiovisuals més seductores i a càrrec, en lloc de mossens, monges i mares catequistes, de joves voluntaris d'una ONG o de professors de llatí i de filosofia reciclats. Però ja he dit que no crec que això dels valors vagi així, de manera que com que considero que el problema està mal plantejat, els resultats d'aquests esforços ingents i benintencionats quedarien –i queden– en pràcticament no res.

Això és una cosa que, a més de poder defensar amb arguments teòrics com he fet abans, també es pot demostrar amb proves empíriques. Entre d'altres, precisament es podria al·legar la del fracàs d'aquelles catequesis catòliques majoritàries i obligatòries a l'escola franquista. El meu *Libro de calificación escolar* que va del primer de batxillerat fins al curs preuniversitari, n'és testimoni: cada any la *Religión* ocupava el primer lloc de la llista de notes. Però el fet és que tan bon punt la societat es va laïcitzar oficialment, els efectes simulats d'aquella assignatura de *Religión* es van evaporar i han deixat, com a molt, una petita taca que a segons qui a vegades li costa de treure i que se sol manifestar amb uns tics anticlericals. La *Religión* d'aquells anys va acabar sent més una vacuna que un contagi de la fe catòlica. Ara que l'Església catòlica encara reclama una presència de la seva catequesi a l'escola, sembla que no es vulgui adonar d'aquell fracàs estrepitós en la transmissió d'uns valors i unes creences, ni quan tenia poder per imposar-la a tothom. (Potser cal que aclareixi que molts dels qui avui ens sentim vinculats a la fe catòlica, en general, hi som *malgrat* aquelles catequesis escolars, però aquesta és una altra qüestió.)

Hi ha altres exemples. Encara en el terreny escolar, hi trobaríem els casos de la formació política del franquisme, però també alguns adoctrinaments polítics propis de l'antifranquisme. I, en general, s'ha comprovat amb quina facilitat els nois i noies educats en un tipus de societat, austera i disciplinada per exemple, i en els seus valors implícits corresponents, al cap dels anys s'han adaptat fàcilment als nous tipus de societat, consumista i acomodada, i als seus valors corresponents.

Educació retòrica dels valors

I ara, amb l'educació dels valors de moda, passarà pràcticament el mateix. Primer, perquè és difícil determinar quina és la llista d'aquests valors en què tothom vol educar i, especialment, és difícil saber la manera com s'han de concretar. El resultat és la presència d'accions intermitents i fins i tot contradictòries. Per tant, el primer problema ja és fer la llista d'aquests valors i posar-nos d'acord en què entenem per *pau* o per *tolerància* i on s'han d'aplicar. Però, a més, el segon problema és que si es converteixen els valors en matèria escolar, per sofisticada que sigui la tècnica pedagògica –o precisament per això–, el que fem és fer que la *solidaritat* i la *democràcia*, per posar dos exemples, siguin vistes com a assignatures i, per bona voluntat que hi posi l'educador, es consideraran deslligades de la pròpia vida. I si algunes experiències escolars sobre els valors tenen acceptació entre els nois i les noies, en general i segons la meva experiència –deixeu-me ser una mica malèvol–, és perquè sempre estalvien alguna classe, o bé de matemàtiques o bé de literatura.

No. Tant des del meu punt de vista teòric com pel tipus d'observacions empíriques que he pogut fer, no veig cap possibilitat d'educar valors amb un èxit prou garantit per justificar l'esforç. Els valors, segons aquesta manera de pensar-los –com a expressió poc o molt formal d'una manera de fer, de veure i sobretot de justificar les coses–, mai no es poden educar deslligats de la mateixa experiència i, sobretot, de l'exemplaritat. Per tant, es poden aprendre maneres de fer i fins i tot maneres de pensar, però lligades a l'experiència mateixa. Més com un entrenament en un esport que com una classe en una aula. Tampoc no juga més bé a futbol qui s'ha estudiat de memòria el reglament oficial, ni qui cada diumenge s'enganxa davant tots els programes de futbol –i mira que n'hi ha!– sinó qui hi juga sovint: així es transmeten i s'aprenen els valors. És clar que la reflexivitat sobre allò que s'aprèn hauria de formar part del mateix aprenentatge, però en realitat, per funcionar, no és del tot imprescindible.

Ho voldria explicar més bé. Per començar, insisteixo en el fet que l'*educació d'un valor* adquireix necessàriament un caràcter retòric si es tracta fora d'un context d'experiència viscuda, si no es dóna cap pista de com convertir-lo en una pràctica, en una forma de vida. Potser sí que es pot fer una gran campanya escolar a favor de la *pau* davant la Guerra del Golf. La crítica de la guerra i la defensa de la pau és ben fàcil de fer, i el recurs a la sentimentalitat amb el rebuig còmode de la crueltat i l'adhesió a la simbologia simpàtica del colom, segur que funcionen.

Però, al cap d'uns anys, arriba el genocidi a Kosovo, i llavors el món ja no té tan clar si calia o no que Europa hagués intervingut militarment molt abans per evitar les barbaritats del serbi Milosevic. Els nens i les nenes que van passar per la campanya pacifista del 1991, què han pensat, dit o fet davant la situació de Kosovo de 1999? Hi ha hagut, gràcies a aquelles campanyes d'immersió pacifista, alguna inflexió significativa en aquesta nova generació? La meva impressió és que aquest tipus de campanyes –a favor de la solidaritat, la pau, la tolerància, la democràcia, la multiculturalitat, etc.– fan el paper de rituals d'exorcisme dels problemes que té la societat –simulen que podem controlar els problemes–, però tenen ben poca eficàcia educativa. Com passa també en aquestes convocatòries que es fan a Espanya davant dels atemptats terroristes d'ETA: les grans concentracions i els minuts de silenci són exorcismes socials per tranquil·litzar l'esperit del qui el practica, però són inútils per resoldre el problema que condemnen. En aquests casos, crec que es fa servir l'escola per a allò que no toca.

Educar *en* i *amb* valors

No *s'ensenyen els valors*, sinó que *s'educa en i amb valors*. Pares i mestres, fem el que fem, ens n'adonem o no, sempre eduquem en uns valors. És impossible estar-se'n. Per això dic que no hi ha crisi de valors, perquè hi ha valors amagats en tot el que es fa. Ni tan sols es poden transmetre coneixements a seques. Els bons professors, siguin de física i química o de filosofia, eduquen en uns valors, i els mals professors, siguin de física i química o de filosofia, eduquen en uns altres valors. Fins i tot, puc dir que amb un dels millors professors que *educava en valors* que recordo haver tingut, ni tan sols compartíem la manera d'entendre la vida. Per tant, unes maneres de fer i els seus valors corresponents, també es poden educar per contrast, i no només per adhesió.

Partirem de la necessitat, doncs, de no confondre l'*ensenyar uns valors*, entès sobretot com a un adoctrinament de baixa intensitat –tot i que també se'n fa d'altíssim voltatge– amb l'*educació en i amb valors*, que consisteix en la transmissió d'unes actituds bàsiques –actituds lligades necessàriament a l'experiència, perquè això en determina la seva solidesa i honestedat. I aquestes actituds bàsiques mai poden ser artificis com la solidaritat, la pau o la tolerància –ni com la democràcia si el que es té al cap és la defensa de la Constitució espanyola–, sinó la confiança en la paraula donada, el joc net, el respecte crític, l'estimació madura, la generositat franca, el plaer de l'autoexigència... O bé els seus contraris, és clar, que també actuen com a valors: ensenyar a malfiar-se de tothom, riure's de la paraula donada si espatlla el propi interès, jugar brut, mostrar indiferència pels altres mentre no emprenyin, viure sotmès a sentiments intempestius, fer negoci amb la generositat, complir estrictament la llei del mínim esforç o considerar la voluntat com una nosa...

Educar en valors, rai! El problema, és que els dijous a la tarda a classe d'ètica o els divendres al vespre a casa abans de sortir amb els amics, és a dir, a hores convingudes, es vulguin transmetre *uns valors* teòrics que, per postres, poden ser profundament contradictoris amb els valors en i amb què s'educa efectivament durant la resta de l'horari. Podrien educar en el valor de l'ordre quotidià uns pares que mai no sabessin quan plegaran de la feina? Podrien educar en el valor del respecte uns pares que cada matí quan condueixen el cotxe es mostressin irritats pel trànsit i els embussos?

Una educació en i amb valors no porta pas a l'adoctrinament a hores fixes, sinó a la reflexió i al diàleg permanents, això és, al conflicte de parers. I la reflexivitat també s'educa com a part d'aquestes actituds bàsiques que es transmeten amb una *manera de fer* que, si tot va bé, s'acaba convertint en una *manera de ser*. Per tant, s'educa en i amb valors quan ens entrenem a analitzar situacions i decisions concretes.

Perquè els valors, abans que declaracions de principis, formen part de les estratègies que seguim per a l'acció. I eduquem en i amb valors quan fomentem la presa de consciència moral sobre les nostres pròpies responsabilitats en relació amb els fets dels quals som, per dir-ho així, directament culpables (cada vegada hi ha menys gent que se senti culpable de res). Però també eduquem en i amb valors quan fomentem la presa de consciència moral en relació amb aquelles responsabilitats collectives derivades de situacions d'injustícia o d'abús, de les quals no som culpables, però en què participem de manera inconscient, complaent o amb mala consciència.

Educar i viure en la crítica

En l'educació, mai no s'hi valen ni les ingenuïtats ignorants ni les culpables. Però particularment en la qüestió de l'educació en i amb valors, predicar una cosa i amb els fets mostrar-ne una altra, com he dit anteriorment, constitueix un frau moral de conseqüències funestes. No em refereixo al fet que hi pugui haver una certa incoherència entre diverses maneres de fer en un mateix individu o grup social, que lògicament suposarà també l'expressió involuntària de valors contradictoris. Aquesta incoherència entre maneres de fer no és tan greu com el frau moral que consisteix a defensar uns principis i actuar segons unes altres regles de joc. La coherència entre maneres de fer és de mal jutjar des de fora de la pròpia experiència personal i històrica de l'individu, i és perfectament raonable que un mateix individu visqui en les seves actituds la tensió entre el desig i la realitat, entre la utopia d'allò que voldria fer i la fatalitat d'allò que li és possible dur a terme.

Cada societat, cada grup, cada escola, cada família i cada individu, amb les seves maneres de fer i d'entendre el món, delata l'adhesió conscient o inconscient a uns valors que justifiquen els seus estils de vida. Si quan parlem de crisi de valors volem dir que els valors que traspuen aquestes maneres de fer i aquests estils de vida no ens convencen, o ens escandalitzen, hem de saber que no serà l'ensenyament d'uns valors alternatius el que resoldrà el problema. L'única alternativa és canviar aquestes maneres de fer i els estils de vida que ens desagraden. En resum, es tracta de saber que qui vulgui canviar els valors de la seva societat no té altre remei que viure de manera diferent a la que aquesta li proposa, i fer-ho d'acord amb el tipus de societat que voldria.

No cal que digui que sento admiració per qui sap reflexionar críticament sobre la seva societat i la seva pròpia vida, és a dir, per qui se sap sobreposar als determinismes socials i a les limitacions personals amb força de voluntat. Fins i tot, a aquestes alçades del llibre ja deu haver quedat ben clar que, tal com van les coses, opino que educar, avui dia, en molt bona part significa ensenyar a anar contracorrent. I opino que saber educar en uns valors crítics amb els dominants és l'art suprem de l'educació, perquè vol dir que se sap viure amb una gran llibertat. Ara bé, aquesta capacitat crítica no pot ser una impostura. No s'hi val a doldre's de la crisi d'uns valors que desapareixen i a viure confortablement instal·lat en els valors dominants que han fet fora els primers. En això dels valors, abans que el sermó moralista d'un farsant, prefereixo l'exemple honest de qui no sap ballar altra música que la que sona. És a dir, prefereixo un conservador honest que un progressista mentider.

9
Contra la tolerància

Res de nou sota el sol: quan el poder polític no vol, no pot o no sap resoldre l'arrel d'un conflicte social, recorre a la propaganda. I és que els problemes socials es poden resoldre anant a les causes, és clar, però també es pot anar tirant a base de dir que no n'hi ha per a tant i que cal demanar una mica més de paciència i resignació –dues grans virtuts ciutadanes, i no només cristianes– als qui en suporten les conseqüències. Doncs bé: crec que és des d'aquesta perspectiva que convé que analitzem la propaganda política a favor de la tolerància, que no ha costat gaire que arribés també al món de l'educació. La tolerància és presentada com el gran valor del canvi de segle que ha d'acompanyar les dues grans fites que –si us plau per força– ens ofereix el nostre temps, la multiculturalitat i la globalització, i de les quals hauria de ser el coixí que para el cop.

Sobre el valor de la tolerància

Tolerar –derivada del llatí *tollere,* 'llevar, treure'–, és una paraula que en el seu origen etimològic va lligada, primer, a la idea de ser capaç de 'suportar un dolor' i, més en general, després, de 'deixar passar en els altres alguna cosa que un mateix desaprova'. Actualment, en el llenguatge comú, la *tolerància* té una triple aplicació: en un sentit mèdic, indica la capacitat d'habituació a una droga o un medicament i la resistència a patir-ne els efectes; en mecànica, és l'error o la inexactitud, en més o en menys, que és permesa en les dimensions d'una peça respecte de les mides indicades i, finalment, segons el diccionari, la tolerància descriu l'actitud de qui respecta les conviccions polítiques, religioses o artístiques dels altres i en permet el seu exercici.

Els propagandistes de la tolerància s'agafen a la tercera accepció, entenent-la com l'actitud liberal i democràtica que accepta la diversitat d'idees i maneres de fer en una societat tan plural i complexa com la nostra. I, com que la història mostra prou clarament quines han estat les conseqüències de la intolerància política o religiosa, no cal que digui fins a quin punt celebro viure en una societat que sàpiga fer l'elogi de la tolerància, entesa d'aquesta manera. Però, dit això, hi ha algunes consideracions que m'agradaria proposar per revisar atentament si darrere de la propaganda de la tolerància realment només hi ha bones intencions. És a dir, per veure com és practicada aquesta tolerància i, finalment, per descobrir si la propaganda de la tolerància no és a l'arrel d'una gran confusió, com crec que passa.

Tolerar, només és tenir paciència?

En primer lloc, i vistos els casos i les formes en què es recorre a demanar o exigir tolerància, tinc la impressió que del respecte de les idees i les maneres de fer se sol passar amb molta facilitat a entendre-la segons alguna de les altres dues accepcions de què parlava abans. És a dir, que es pot passar a considerar la tolerància com la capacitat d'*aguantar* o *resistir* determinades diferències socials (que implícitament es consideren negatives, poc suportables), o fins i tot se la pot concebre com el *marge d'error permès* o acceptable en determinades idees o conductes socials respecte del que seria la manera de fer *normal* i correcta. En definitiva, crec que moltes vegades, la tolerància és entesa com la *capacitat de resistència* avant de les molèsties que ens causen els altres amb les seves diferències i, per tant, a la pràctica, esdevé la mesura de fins on aguantem sense perdre la calma.

Una manera exagerada, i còmica, d'aquesta manera d'entendre la tolerància, la podríem il·lustrar amb la caricatura d'aquells individus propensos a les batusses fàcils que, davant d'allò que consideren que és una provocació que demana una resposta immediata i contundent, es dirigeixen als amics exclamant: «Agafeu-me, que si no el pego.» Irònicament, aquest crit podria ser entès com la darrera mostra de lucidesa «tolerant» de l'individu que, davant el dilema d'escollir entre ser flexible amb el provocador o fer valer la pròpia dignitat, s'adona que ha arribat al límit de la primera opció i avisa que allò que encara controla amb el pensament és a punt de no poder-ho controlar amb els punys.

A la vida real de la majoria de persones, les coses es presenten d'una manera més seriosa, és clar. Però la idea és la mateixa, i la tolerància no només és vista com el mèrit de qui sap aguantar, sinó que a més és sospitosa, com la llibertat, d'haver estat excessiva. «Vols dir que no has estat massa tolerant amb els teus fills?» és la pregunta tòpica i habitual quan les coses no van prou bé a casa dels altres. Si la concepció de la tolerància fos pensada realment en positiu, mai no donaria lloc a aquestes suspicàcies. La primera crítica que vull fer a la idea de tolerància, doncs, és que sigui reduïda, a la pràctica, a defensar de manera més emfàtica allò mateix que sempre n'havíem dit tenir paciència o saber aguantar. Però si bé no seré pas jo qui no s'apunti també a la defensa de la paciència –i a recomanar la lectura de la història bíblica de Job per descobrir fins on pot arribar la paciència d'un sant–, certament una tolerància reduïda a aguantar i tenir paciència, definida en negatiu, hauria perdut tota la gràcia com a virtut moral.

Qui ha de ser tolerant, qui mana o qui obeeix?

En segon lloc, hi ha un aspecte significatiu en la definició habitual de tolerància que sol passar desapercebut. I és que en qui tolera hi ha sempre implícita la possibilitat de no fer-ho. Vull dir que la tolerància no és cosa de dos, sinó que la decisió de ser tolerant és unilateral. El terme tolerància delata, per tant, una relació desigual de poder. Si algú *pot tolerar*, és que hi ha algú altre que és susceptible de *ser tolerat*, o que convé que *sigui tolerat*. S'ha d'esperar, en aquesta situació, que sigui el poderós qui toleri el feble. O, si es vol, traslladat al terreny habitual on s'apliquen aquests conceptes, en una relació entre grups de diverses cultures, llengües o ideologies, s'espera que la diferència social majoritària i probablement hegemònica –la cultura del país d'acollida, la llengua amb més força o la ideologia dominant– sigui tolerant amb la diferència social minoritària i més feble. Per tant, qui és receptor de tolerància és el feble respecte al poderós, el petit en relació amb el gran, el que és socialment *diferent* del que és socialment *normal*.

Per això, resulta sospitós que la tolerància, al contrari, sigui promoguda de dalt cap a baix. Dels que manen cap als que obeeixen. Aquesta inversió dels papers, des del meu punt de vista, suggereix dos tipus d'usos confusionaris de la tolerància. En el primer cas, la tolerància emmascararia una relació de condescendència entre poderós i feble. En el segon, la demanda de tolerància emmascararia el fet que qui la defensa, en realitat, no sol tenir els mateixos problemes que els qui l'han de practicar. Però anem a pams.

Sovint, els poderosos, aconsegueixen el reconeixement del seu poder mostrant-se magnànims. La magnanimitat, tanmateix, per bé que sigui una concessió aparentment gratuïta, en el fons no és una mostra de feblesa sinó un mecanisme de força a través del qual els poderosos obtenen, a canvi d'una certa generositat, que se'ls reconegui tot el poder que tenen. En una relació de poder democràticament madura, caldria esperar que la condescendència hagués estat eliminada. El poder democràtic obté la seva legitimitat del poble i cal que sigui exercit sense arbitrarietats. La condescendència és, en canvi, una arbitrarietat només pensable en l'exercici de poders autoritaris. Per exemple, hi ha condescendència en les actituds dels reis d'Espanya quan adrecen unes paraules en la llengua pròpia dels seus súbdits. De fet, no tenen cap obligació de fer-ho. Però sent magnànims, aconsegueixen que molts catalans els arribin a considerar els seus propis reis, és a dir, que agraint-los el detall, acceptin la seva condició de súbdits. Naturalment, jo preferiria no tenir reis. I si n'havia de tenir, que estiguessin obligats a parlar sempre la llengua del poble, sense condescendències i per imperatiu legal.

Això també es pot aplicar a les relacions interpersonals. Per exemple, entre pares i fills, o entre mestres i alumnes, en les quals tampoc no em sembla adequat que hi hagi massa mostres de condescendència, perquè en el fons emmascaren la responsabilitat de cadascú i solen crear unes dependències afectives que són difícils de fer transparents i que creen malentesos. Les actituds condescendents –i en les relacions educatives d'això n'hi ha molt– són com aquells favors tan generosos que després et veus obligat a tornar, fins i tot en contra de la pròpia voluntat. Un pare, o un mestre, més que no pas magnànims, han ser justos a l'hora de demanar uns deures o d'imposar un càstig. La magnanimitat es transforma, amb molta facilitat, en un caprici arbitrari de l'autoritat que desorienta a qui hi ha d'obeir o, encara pitjor, que pot servir per compensar la mala consciència d'abusos passats o per justificar que se'n cometin en el futur.

El segon tipus de confusió que crea aquesta mena de tolerància demanada des del poder és que emmascara el fet que qui la defensa, en realitat, no l'ha de practicar. És fàcil imaginar com n'és, de còmode, demanar tolerància en la convivència amb els estrangers si al veïnat de qui fa el sermó, d'estrangers, només hi té alts executius japonesos o jugadors de futbol del Barça. I mira que en té, de mala bava, aquesta autoinculpació de moda que ens fa dir que «tots som racistes», sobretot quan és proclamada des de la tranquil·litat de poder-ho dir sense haver-ho de posar a prova. Fins i tot, n'hi ha que s'estranyen que els més susceptibles amb els nous immigrants siguin antics immigrants: com no ha de ser així, si els nous, amb el primer que topen, és amb els interessos dels antics! Que fàcil és donar consells des de la barrera, sense por que t'atrapi el toro!

En definitiva, el que vull dir és que quan és des del poder polític, o en general des d'una posició de domini, que es demana al ciutadà que sigui tolerant, l'exigència de tolerància busca el remei dels conflictes no pas en la seva resolució, és a dir, en la desaparició de les causes que el provoquen, sinó en la flexibilitat per aguantar-ne l'existència els que el tenen més a prop.

Els casos són ben fàcils d'imaginar. Si resulta que al petit pis de davant de casa hi viuen un munt d'immigrants acabats d'arribar en males condicions, ja sigui perquè no tenen papers per trobar casa i viuen rellogats, o perquè no els en volen llogar cap altra –o tot alhora–, hi ha dos camins per evitar que les molèsties que inevitablement causaran al veïnat no acabin malament. Un, que el veïnat es mostri pacient i flexible, que sigui *tolerant*, doncs. L'altre camí, naturalment, és resoldre el problema de l'habitatge dels immigrants que acaben d'arribar. Però com que el segon camí, que és el bon camí, és ple d'obstacles formals, el primer és el més curt i el més barat. A més, si el veïnat no es mostra prou tolerant, sempre se'l pot amenaçar de ser el culpable de la injustícia i de fer-lo suspecte de racista i xenòfob.

La mecànica perversa del mecanisme és que s'imposa l'obligació de tolerar els resultats de la injustícia estructural –de les lleis de mercat o de les lleis d'estrangeria– si no es vol acabar apareixent públicament com a còmplice de la situació. És per aquesta raó que, de tant en tant, es produeixen explosions que manifesten dificultats de convivència i que no són altra cosa que la sortida violenta i en públic d'una repressió del conflicte, tapat fins llavors, precisament, amb crides a la tolerància.

Així, s'ha de tolerar tot?

Finalment, la pregunta que cal fer-se davant de la propaganda a favor de la tolerància, és la de si cal tolerar-ho tot, o de fins on cal tolerar què, o si és que és bo tolerar per tolerar. Perquè si, tal com jo ho veig, la tolerància no és un valor en si mateix –és a dir, que no veig per què ha de ser bo tolerar per tolerar–, llavors cal pensar que la tolerància només és un valor segons en quins casos, segons quina sigui la cosa que convingui tolerar.

Per començar, cal observar que els mateixos propagandistes de la tolerància tenen establerts de manera ben clara quins són els seus límits: per exemple, el poder polític, alhora que demana tolerància amb els nous immigrats, els aplica la Llei d'estrangeria de manera estricta, sense flexibilitat. No és forçar gens les coses adonar-se que en els casos de problemes relacionats amb la immigració il·legal, la causa del conflicte sol ser, precisament, la seva il·legalitat mateixa, que és la que porta els immigrants a situacions socials de marginalitat i que afavoreix l'aparició de la intolerància dels veïns. De fet, més tolerància dels poders públics a l'hora de donar permisos de residència, i sobretot, a l'hora de reconèixer als immigrants els seus drets de ciutadania, seria deu vegades més eficaç en la prevenció de conflictes racistes i xenòfobs que no pas les apel·lacions a ser flexible i aguantar les diferències que provoca una mala llei d'estrangeria o la fàcil explotació econòmica dels treballadors il·legals. Els fets són clars: el problema no és la poca tolerància dels suposadament intolerants sinó, paradoxalment, la intolerància de les lleis que apliquen els propagandistes de la tolerància.

La tolerància, per tant, com a valor social, crec que és un principi mancat de contingut. És com una cel·lofana d'embolicar, que fa bonic el regal, però que necessita que a dins hi hagi un objecte. És per això, per aquesta buidor intrínseca, que el pitjor de la tolerància –de la manera parcial i confusa com sol entendre's– és que afavoreix l'adopció d'una perspectiva relativista que eximeix del judici moral a propòsit de la cosa tolerada. Suposar que la tolerància és un valor per ella mateixa, no és només suposar que tot pot ser tolerable, sinó també que tot allò que és tolerat, pel simple fet de ser-ho, acaba sent bo. I, fàcilment, creient que tot pot ser tolerat, es pot acabar pensant que tot pot ser igualment defensable, igualment valuós. O, fins i tot, portat a l'extrem, es pot acabar defensant que no hi poden haver criteris de valoració entre coses igualment tolerables.

Per exemple: si la tolerància és vista com el remei davant la confrontació de les diverses tradicions religioses, fàcilment se'n desprendrà que cal tolerar totes les religions. I d'això, probablement, s'arribarà a la conclusió que totes les diferències religioses s'han de tolerar igualment, fins i tot abans de conèixer-les. Però si totes les diferències religioses són tolerables en general, vol dir que no hi ha raons per no tolerar-ne alguna de concreta, ni que aquesta pugui ser font d'intolerància cultural i de conflicte social. Naturalment, això posa en qüestió el punt de partida: és la tolerància la que resol la confrontació, o cal buscar l'origen de la confrontació per descobrir quina diferència religiosa és causa d'intolerància social?

La tolerància i el relativisme

Per tot això, no és ni un joc de paraules ni una exageració dir que la tolerància pot ser una font gravíssima d'intolerància, de la mateixa manera que el relativisme moral sol ser una font de conflicte social. La sociologia clàssica ja havia advertit que el conflicte social tant pot venir per una imposició massa rígida d'un sistema de normes morals, com pot venir per una manca de normes prou clares i orientadores. I la tolerància bé podria emmascarar una certa absència de normes socials. Al capdavall, les normes socials –que sempre són convencionals i relatives a una època i un territori determinats–, han de ser enteses com unes regles de joc. Si una societat no segueix uns «principis morals» per funcionar, per dir-ho així, el problema principal que tindrà no serà de tipus filosòfic, en el sentit que pateixi una crisi de valors, sinó que no hi haurà regles de joc clares i que, sobretot, no podrà funcionar.

Traslladat a l'àmbit més elemental de la vida familiar, podem imaginar el cas d'una família per a qui fos important menjar plegats cada dia i fer conversa al voltant de la taula. Si, atenent al valor de la tolerància, es posava en qüestió el principi de la puntualitat a l'hora d'arribar als àpats, el problema no seria saber si realment la puntualitat és valuosa per ella mateixa, sinó adonar-se que és la norma pràctica que permet compartir els àpats. Relativitzar el principi de la puntualitat, en aquest cas, o tolerar la impuntualitat, seria fer impossible els àpats comuns. És en aquest sentit que una tolerància que relativitzés massa les normes de convivència social, més que no pas facilitar les coses, podria acabar fent impossible la vida en comú.

A més, la tolerància, com hem vist, com que dissimula les relacions de desigualtat, emmascara les dificultats objectives de la convivència entre individus diferents. Perquè la diferència no és només diversitat. Socialment, i de manera quasi inevitable, s'expressa també com a desigualtat. De manera que, ni que es faci sense mala voluntat, quan es tolera la diferència, cal vetllar de no tolerar també la desigualtat que hi va associada. Si humorísticament s'ha dit que les persones som totes iguals, però que n'hi unes que són *més iguals* que les altres, imagineu-vos si no podem dir també que tots som diferents, però que uns són *més diferents* que els altres...

En definitiva, el relativisme moral que porta implícita la tolerància tal com veig que sol ser explicada i entesa, fomenta la *indiferència*, que és la màxima expressió del deixar fer. I la indiferència em sembla que és ben bé el contrari del que s'hauria proposat una tolerància, diguem-ne, sense malentesos.

Els límits de la tolerància

Des del meu punt de vista, doncs, no tot és tolerable. Per exemple, la intolerància que sovint practica el poder, fins i tot quan és protegit per lleis legítimes –que no vol dir, necessàriament, justes–, ha de poder ser contestada per una resposta intolerant dels ciutadans. Una intolerància mesurada i amb límits, és clar. Com haurien de ser totes les toleràncies: mesurades i limitades. Recordem el cas de l'objecció de consciència a fer el servei militar que va ser durant molts anys un acte d'intolerància en relació amb el poder dels militars, que tenien les lleis de part seva. Els objectors de consciència eren tancats a la presó de manera legal, i eren presentats per la societat benpensant com a uns intolerants. Ara, gràcies a aquella intolerància, la mili deixarà de ser obligatòria i s'acabarà una llarga història de coacció militarista. Però la qüestió és complicada, perquè no tots estem d'acord en quines són les imposicions que socialment es poden respectar i quines són les que s'haurien de considerar *intolerables*.

Em sembla clar, doncs, que no és possible defensar alegrement la tolerància sense fer referència a la necessitat d'un debat sobre què cal tolerar i què cal considerar intolerable. O sense discutir fins a on es pot arribar, en cada cas, a tolerar o a no tolerar. I, encara, entre tot allò que fos tolerable, encara hi hauria la necessitat de considerar què és, per a cadascú, moralment il·lícit. I de tot això, en tenim un bon exemple en el gran debat que planteja la següent pregunta: fins a quin punt la democràcia ha de ser tolerant amb el pensament antidemocràtic? No es tracta pas d'una pregunta retòrica, sinó que afecta el cor mateix de la democràcia a Europa: què s'ha de fer quan en un país democràtic arriba al poder un partit amb senyals d'identitat feixista? S'han d'autoritzar les concentracions polítiques de caràcter feixista del 12 d'octubre a Barcelona en nom de la democràcia? Quin ha de ser el límit de la tolerància davant del pensament fanàtic?

De la tolerància al respecte

No és que estigui interessat en debats merament nominalistes. Que estigui preocupat per saber què volen dir les coses no significa que cregui que, dient-les bé, ja haurem arreglat els problemes. Quan hi ha confusions en els conceptes, sol passar que també els fets són confusos. Però tampoc no s'ha de pensar que el dir sigui una cosa inofensiva, perquè com han observat els sociolingüistes, *dir* ja és una manera de *fer*.

En realitat, el que pretenc a l'hora de discutir la noció de tolerància és que les paraules diguin el que volem que diguin i que no ens facin dir el que no volem. I, sobretot, que acabem fent allò que hem dit i no pas una altra cosa. Per tant, entenc perfectament que els defensors de la tolerància ho facin amb tota la bona fe i que, per a ells, tolerar sigui una virtut plena de bona voluntat. Però no n'hi ha prou amb la bona voluntat, i sobretot cal estar atent a les conseqüències no volgudes d'allò que es fa i es diu.

La meva proposta seria la de parlar molt menys de tolerància i substituir l'ús d'aquest concepte pel de respecte, que el considero menys confusionari. Per dir-ho ben ràpidament, no crec que la nostra societat necessiti fer ciutadans més tolerants, sinó més respectuosos. Crec que els educadors han de fomentar el respecte, però que no els escau –sense entrar en greus contradiccions– fomentar la tolerància. Perquè el respecte, al contrari de la tolerància, no convida a aguantar per aguantar, no suggereix la indiferència passiva, no proposa una mirada relativista i amoral, sinó tot el contrari.

Respecte, que etimològicament ve del llatí *respectus* i que significa 'acció de mirar enrere', 'consideració, mirament', suggereix el mirar amb atenció, prendre en consideració alguna cosa. El respecte podríem dir que suma a la tolerància una qualitat moral positiva que exigeix, primer, comprensió, i que després fa possible el judici moral sobre la cosa tolerada o, millor, respectada, per la qual es té algun mirament. Per tant, el respecte no amaga cap tipus de desigualtat, ni de poder ni de dignitat, sinó que exigeix, precisament, un tracte d'igual a igual. És a dir, convida al mirament, a la consideració i al reconeixement de la dignitat dels altres.

Si tornéssim als exemples d'abans, es podria dir que davant el cas d'aquells immigrants que vivien amuntegats en males condicions al pis de davant de casa, mentre que la tolerància només hauria convidat a aguantar les molèsties, el respecte obligaria a considerar les molèsties amb atenció, a comprendre'n l'origen i, per consideració, a interessar-nos i comprometre'ns en la seva resolució. La tolerància dels veïns portaria a fer com si no els veiéssim, mentre que el respecte ens faria sortir al carrer a protestar exigint una millora de les seves condicions de vida. En l'altre exemple que havia posat, el de la monarquia que es mostrava tolerant i condescendent amb el català que parlaven els seus súbdits, el respecte la portaria a intervenir a favor dels drets efectius dels catalanoparlants i no a perdonar-nos la vida amb quatre frases d'adulació: que els reis parlin com vulguin, que aquí ja els entendrem; el que voldríem és que fessin respectar la nostra llengua.

En les relacions entre pares i fills, també hi ha els exemples que vulgueu. Els pares que toleren, per exemple, l'incompliment d'un acord amb els fills sobre l'hora de tornar a casa per congraciar-s'hi, els mal eduquen. En canvi, una actitud de respecte envers els fills hauria de portar els pares, si cal, a refer l'acord en uns termes més justos de tal manera que pogués ser atès pels fills. I, d'altra banda, malament si els fills tornen d'hora a casa només per acontentar els pares, perquè no es disgustin. A la llarga, la transigència dels fills es tornarà contra els pares en forma de retrets, perquè el compliment de l'acord no s'haurà viscut com un acte de respecte, sinó com la tolerància d'una injustícia continuada que, a la llarga, caldrà venjar. En les relacions familiars, la tolerància comporta tota una sèrie de condescendències i de transigències aguantades de mala gana que acaben sent una font inesgotable de retrets i malestar.

De la idea de respecte, doncs, m'interessa destacar especialment que obliga a abandonar la passivitat retòrica i que força a una atenció activa a la diferència o el desacord amb els altres. No és, com la tolerància, un marge d'error acceptable, una inconveniència suportada, sinó que el respecte es tradueix en una consideració atenta. La tolerància convida a quedar-se quiet. El respecte sol invitar a l'acció. Per tant, el respecte no és un cataplasma que estova la ferida, sinó una frega que tensa els interlocutors. A diferència de la tolerància, el respecte no estalvia pas el conflicte, sinó que el fa raonable i en fa possible la solució.

El respecte, doncs, proposa una aproximació intel·ligent, informada, conscient, activa, volenterosa cap a l'altre. Mentre que, com hem vist, la tolerància és un principi abstracte –cal tolerar en general– i s'aplica en concret –només cal tolerar allò que molesta–, el respecte és un principi concret –només es pot respectar cosa per cosa– i, en canvi, cal aplicar-lo en general, perquè tot, fins i tot la pitjor maldat, pot ser digna d'atenció, precisament perquè després ja se'n farà un judici crític.

Les condicions del respecte

Tanmateix, el respecte no pot ser resultat d'un simple procés de conversió intel·lectual. Ningú no es torna respectuós per un acte de mera bona voluntat, conseqüència d'una introspecció personal que l'hagi il·luminat. És convenient adonar-se que aquesta mena d'actituds no s'ensenyen com una lliçó teòrica, sinó que s'eduquen, en el sentit que s'entrenen, que s'exerciten. I, per tant, també s'ha de partir de la consideració que no tothom té les mateixes possibilitats de poder respectar, o de saber respectar, sense un treball previ de cultiu i sense que hi hagi les condicions adequades per a desenvolupar aquesta actitud. Vegem, doncs, algunes d'aquestes condicions que afavoririen les actituds de respecte.

Identitat madura

El respecte demana com a punt de partida sòlid una identitat personal relativament madura. En la línia d'allò que s'ha dit en altres capítols, només des del reconeixement dels propis límits, és a dir, des d'una identitat serena, és possible reconèixer els altres i les seves identitats respectives. No hi ha mirada respectuosa possible que no tingui consciència que allò que veu és resultat del punt de vista que ha adoptat. Els que quan miren el món que els envolta, es pensen que és tal com el veuen, és que no són capaços de reconèixer la limitació del seu punt de vista; creuen que ho veuen tot però les limitacions del seu punt d'observació és també una ceguesa; no tenen pròpiament *mirada* perquè els falta el reconeixement de la seva perspectiva, que és el mateix que el reconeixement de la seva identitat.

Això val tant per als individus com col·lectivament. En el primer cas, per exemple, és clara la situació de l'adolescent que quan és en procés de definir la seva identitat, ho ha de fer per negació i en confrontació amb l'entorn. Fins llavors, ha mirat amb els ulls de la família, sense tenir una mirada pròpia. Si un nen és respectuós, mentre és nen, ho és perquè mira a través d'uns ulls familiars respectuosos. Però l'adolescent ha de trencar amb aquest punt de vista familiar. I per començar a saber qui és, ho ha de fer dient qui ja no serà en endavant. Ho té malament per ser respectuós amb als altres quan encara no sap ben bé qui és ell mateix. Sovint, les paraules de l'adolescent fereixen, i cal fer-se càrrec de la gran dificultat que passa. No tindrà mirada pròpia fins que no es reconegui i, sobretot, no sigui reconegut com a individu diferent i específic per la mateixa societat. Però a mesura que sàpiga qui és, que tingui mirada pròpia, podrà començar a respectar els altres. I tant és així, que no sé si no es podria dir que, per definició, una identitat madura és necessàriament respectuosa, de la mateixa manera que una actitud respectuosa és necessàriament madura.

Col·lectivament, també es pot observar com la incapacitat d'un grup per al reconeixement d'un altre grup amb el qual està en contacte es produeix, sobretot, en comunitats insegures del seu propi futur. Això és propi de comunitats que es veuen amenaçades en la seva identitat, i que s'afirmen en la xenofòbia contra l'estranger i, en els casos límit, en el genocidi del veí. Amb totes les precaucions que calen quan es fan aquesta mena de generalitzacions, es podria dir que els casos històrics coneguts demostren que, habitualment, les comunitats més agressives amb els forasters no són les que se senten segures d'elles mateixes, sinó tot el contrari, les que se senten amenaçades. La confiança en un mateix, o en la pròpia comunitat, facilita l'intercanvi i l'obertura cap a les altres. És la inseguretat, la que provoca actituds a la defensiva i de tancament i, en definitiva, agressives i violentes.

El respecte demana estar entrenat per a la reflexió. I la reflexió necessita una certa disponibilitat per a l'aïllament. No és contradictori el que dic: sense un hàbit que hagi fet del silenci una experiència personal còmoda, no s'està en condicions d'escoltar ningú. I sense una familiaritat amb la soledat que la faci estimable, no hi ha capacitat per a l'acolliment dels altres. I, en conclusió, una educació per al respecte necessita, prèviament, un entrenament per al silenci i la soledat, en el sentit més pràctic d'aquestes paraules: aprendre a estar en silenci i aprendre a estar sol.

El respecte també suposa la capacitat per al reconeixement de les identitats alienes. És a dir, respectar vol dir descobrir quins són els límits i les possibilitats dels altres. No es tracta, una vegada més, de fer una declaració general de bones intencions. El coneixement dels altres, des d'una mirada tan alliberada com sigui possible de prejudicis, exigeix informació. Efectivament, si algú s'escandalitza del racisme o la xenofòbia en contra dels magrebins, però no mostra cap interès per conèixer i comprendre alguns aspectes fonamentals de la seva cultura, no es pot dir que hagi fet cap pas a favor del respecte d'aquest col·lectiu d'immigrants. Potser els tolera més que els racistes i xenòfobs de qui s'ha escandalitzat, però els respecta tan poc com ells.

Entrenament per a la comprensió

Finalment, el respecte crec que exigeix el desenvolupament d'una certa capacitat per analitzar les situacions de conflicte i per entrar-hi en diàleg. Suposar que el respecte garanteix automàticament una societat sense conflictes, és un veritable menyspreu de les dificultats objectives que hi ha en la comunicació i la convivència entre les persones i els grups. Ja havia dit que el respecte no resol el conflicte, sinó que l'encara. Tots ho hem pogut viure en situacions ben properes, amb familiars o amics. Si, sovint, ja és difícil la comprensió i el diàleg amb els que tenim a casa, l'acceptació de les dificultats objectives de la convivència amb els de fora és el primer pas per evitar les ingenuïtats d'una tolerància de flors i violes.

En una ocasió, m'explicaven que un mestre havia fet quedar al final de classe un nen marroquí per amonestar-lo per una conducta incorrecta. El noi mirava a terra, i el mestre li exigia, autoritari, que el mirés a la cara, en senyal d'atenció. No va ser fins després de l'entrevista que el mestre es va adonar del malentès: per a aquell noi, segons els seus codis culturals, no mirar als ulls era, precisament, senyal de respecte.

Amb l'exemple vull dir que els problemes de comunicació i de respecte no depenen exclusivament de la bona voluntat, tot i que hi ajuda. Els codis comunicatius hi són, i són particulars per a cada cultura. I aquests codis cal descobrir-los i, si és possible, comprendre'ls. Sense informació no hi ha comprensió, i sense comprensió no hi ha respecte.

El respecte entre generacions, i el respecte entre cultures diverses exigeix capacitat per al diàleg. I el diàleg no és possible si els interlocutors no tenen veu pròpia i no saben escoltar. És per això que el respecte també es fomenta amb l'aprenentatge de procediments racionals i efectius per a la resolució de conflictes. El respecte, certament, s'educa en les pràctiques de diàleg a partir dels conflictes quotidians reals. I és que la bona educació ens fa necessàriament respectuosos. N'hi pot haver d'altra, de bona educació?

10
El nostre horari de cada dia

A vegades, sembla que pel fet de tenir-los tan a prop, ens costa de veure els instruments educatius més eficaços, accessibles i fàcils de fer funcionar. I ens costa creure que realment ho siguin, d'útils. El cas més extraordinari d'aquesta miopia, probablement, és la que fa referència a l'horari quotidià. L'horari de cada dia, amb les limitacions externes que ens imposa l'ordre laboral i escolar, podríem organitzar-lo de manera adequada per tal de convertir-lo en una acció educativa positiva. Curiosament, d'aquest ordre convencional que podem fixar nosaltres mateixos, generalment ens en sentim víctimes. Són molt poques les famílies que s'han proposat ordenar els seus propis horaris quotidians amb la voluntat que expressin una manera d'entendre el món i que transmetin un determinat sistema de valors. I no és estrany trobar casos en els quals tot allò que teixeixen les bones intencions educatives, ho desteixeixen uns horaris que esdevenen els principals adversaris d'allò que volíem transmetre als fills.

Parlar del temps

Hi ha maneres d'analitzar les dificultats en què es troba l'educador que, més que no pas ajudar-lo a superar-les, l'enterren sota d'una muntanya de problemes insalvables. És el cas que ja he explicat sobre la suposada *crisi de valors*. L'anàlisi d'una hipotètica crisi de valors remetia a un conjunt de problemes estructurals tan complex, que no és humanament possible pensar que s'hi pot posar cap remei. I només es pot encarar raonablement bé el problema dels valors si, prèviament, se'n modifica el plantejament. Ara, es tracta de fer el mateix, però fent el camí invers. És a dir, mostrar com a partir d'intervencions aparentment insignificants en l'organització diària, podem donar resposta a grans problemes estructurals.

Concretament, vull parlar de la possibilitat d'introduir canvis en els horaris quotidians. Uns canvis que crec que poden modificar profundament la manera d'acostar-nos al món, la manera de fer-lo entendre i, sobretot, de fer-lo viure. Els horaris de cada dia són les principals ulleres a través de les quals experimentem la realitat que ens envolta. I, amb l'excepció de les imposicions externes que no depèn de nosaltres poder-les modificar, tenim un bon marge de maniobra per convertir-los en una eina educativa de primer ordre.

Per què és bo l'ordre i el sentit

Naturalment, cal que expliqui per què els horaris quotidians poden ser educativament tan importants. I ho faré amb tres idees que ja vaig defensar en un llibre que vaig publicar fa alguns anys, *Saber el temps. El calendari i la seva significació a la societat moderna* (Barcelona, 1985). La primera idea és que la vida en societat només és possible si es construeix un ordre i un sentit que siguin compartits per tots els qui en formen part. I això val tant per al grup familiar com per a qualsevol grup social més ample. Que cal un *ordre* sembla una obvietat: el grup s'ha de poder organitzar compartint una mateixa llengua, per exemple. O repartint els espais on han de conviure els membres que en formen part. I hauran de desenvolupar una sèrie d'hàbits comuns que facilitin la cooperació entre tots els seus membres.

D'altra banda, cal que aquest ordre tingui un *sentit* perquè totes aquelles formes d'organització del grup, per anar bé, han de ser vistes no pas com una imposició arbitrària i capriciosa de normes –encara que, de fet, ho siguin–, sinó com unes maneres de fer *necessàries* o *naturals* o *bones.* Així, cal sentir algun afecte per la llengua que es parla; cal reconèixer com a propis i familiars els paisatges i els espais de relació on es conviu, i cal que els hàbits comuns siguin vistos com a bones maneres de fer les coses.

Doncs bé: aquest ordre i aquest sentit sobre els quals construïm la nostra experiència de la vida social, s'expressen en una determinada concepció del temps i de l'espai. Cada societat, i també cada grup concret dins d'una societat, organitzen i entenen el temps i l'espai a la seva manera. I, recíprocament, l'organització del temps i de l'espai descriu amb molt detall com és una societat, quines són les seves estructures de poder i els seus sistemes de significació, és a dir, les seves maneres de donar sentit a la vida.

I encara es pot anar més lluny: tots els canvis socials, grans i petits, es poden analitzar en les transformacions que produeixen en les maneres de viure el temps i l'espai. Ja es veu a venir que no seran gaire semblants una societat que es retroba sencera els diumenges i dies de festa, sortint de missa, per fer tertúlia a la plaça major del poble, i una societat en què els seus membres s'organitzen per grups d'edat, i que els caps de setmana cadascú va per la seva banda: el joves es troben de nit a les discoteques; els adults, de dia, es troben als grans magatzems; els vells, a la tarda, es troben al casal d'avis...

Sense complicacions teòriques i d'una manera ben directa i rotunda, tots hem comprovat que el món de la literatura o el del cinema, quan han de recrear un món determinat, per explicar-lo al lector o a l'espectador precisament ho fan d'aquesta manera: amb referències al temps i a l'espai. És la manera més sintètica i amb més capacitat de suggerir els mons més amples i complexos que té el narrador de qualsevol història. I no només és la manera d'explicar mons complexos, sinó que les referències temporals i espacials –els records i els oblits, i els afectes als llocs particulars– també són la manera més precisa que hi ha d'explicar els personatges.

El temps en la modernitat

Ara, però, deixarem estar la qüestió de l'espai, que demanaria tot un altre capítol per a ell sol, i ens centrarem en la del temps. I és que la segona idea que vull defensar, relacionada amb la primera, és que un dels canvis més interessants que s'han produït en relació amb el temps és el que ha acompanyat el pas de la societat tradicional a la nostra societat moderna. La modernitat és, abans que res, una veritable revolució en la concepció del temps. Mentre en les societats que anomenem tradicionals el temps és concebut com un ritme propi de les coses i independent de la voluntat de les persones, en la societat moderna el temps és vist com una mercaderia, susceptible de ser ben invertida o malbaratada, de ser estalviada o de perdre-la. Hi ha aquella manera d'entendre el temps que trobem al conegut poema de l'Eclesiastès (3, 1-8):

Per a tot hi ha el moment, i un temps per a cada cosa sota el sol.

Temps d'infantar i temps de morir. Temps de plantar i temps d'arrencar la planta.

Temps de matar i temps de guarir. Temps d'enrunar i temps de bastir.

Temps de plorar i temps de riure. Temps de lamentar-se i temps de dansar.

Temps de llançar pedres i temps d'aplegar-ne. Temps d'abraçar i temps d'allunyar-se de les abraçades.

Temps d'exigir i temps de perdre. Temps de guardar i temps de llençar.

Temps d'esquinçar i temps de cosir. Temps de callar i temps de parlar.

Temps d'estimar i temps d'odiar. Temps de guerra i temps de pau.

D'altra banda, la coneguda expressió *el temps és or* resumeix i explica un dels condicionaments més bèsties del nostre temps. Una manera de pensar i entendre el temps que queda també ben resumida en aquesta introducció que es podia llegir a la presentació d'un curs per a directius d'empresa: *«El seu temps és or. Aquesta és una afirmació que ha escoltat i llegit de manera freqüent. Però, què significa en realitat? El temps és un recurs limitat que cal saber invertir. Amb cada pensament i amb cada acció gastem una part del nostre temps. De manera que, qui malbarata el seu temps, malbarata la seva vida.»*

Aquest text demostra l'encert d'allò que, des d'una perspectiva crítica, escrivia el sociòleg francès Jean Pierre Dupuy: *«la reducció del temps a un bé escàs, quantificable, acumulable, susceptible de ser estalviat, emmagatzemat, intercanviat, comprat o venut, potser és l'alienació més terrible, la marca més visible de la paràlisi de l'autonomia de les comunitats i les persones»*.

No és aquest el lloc de fer la crítica de l'actual concepció del temps, però, certament, aquest canvi afecta els estils de vida d'una manera transcendental. Tot queda modificat. Des de la mateixa manera de concebre i relacionar passat, present i futur, fins a una manera diferent d'entendre el treball i de celebrar les festes. I, no cal dir-ho, també modifica la manera d'entendre la vida i la mort.

Entendre i viure l'espai i el temps

Finalment, d'aquell estudi publicat fa anys, en voldria aprofitar una tercera idea, que en bona part és conseqüència de les altres dues: tota educació, de manera conscient o inconscient, transmet una manera d'entendre l'espai i el temps, i una manera de relacionar-s'hi. Fins i tot, es podria forçar una mica més l'afirmació anterior, i concloure que educar *és* transmetre una manera d'entendre i viure l'espai i el temps. L'educació religiosa i la cívica, l'educació científica i la humanística, l'educació en les rutines quotidianes i en els sentits últims de la vida, sempre queden *encarnades* en unes o altres metàfores temporals i espacials. La *història* sagrada, els *orígens* de la nació, el *progrés* dels coneixements, la lectura dels *clàssics*, la *puntualitat* de les persones o la *salvació* de les ànimes, tot són interpretacions mítiques d'arrel temporal –i espacial– de la nostra existència social.

Aquestes tres idees, doncs, condueixen a una conclusió ben clara: la concepció del temps, la manera de relacionar-nos-hi, de pensar-lo i d'experimentar-lo, les convencions amb què l'organitzem, són el nervi de la nostra cultura i, per tant, de la nostra mateixa educació. Quan eduquem, transmetem una manera particular d'entendre el temps. I quan ens adaptem a un ordre temporal convencional, estem educant. Ho fem per activa i per passiva, ho fem amb consciència o sense ni adonar-nos-en. Per tant, tot i que és cert que no fer res ja és una manera d'educar, acceptar passivament la manera de viure el temps de cada dia que ens és imposada per la nostra societat, sí que pot ser vist com una veritable dimissió educativa davant de la qual caldria, o es podria, reaccionar.

Amb tot el que he dit, n'hi hauria d'haver prou per haver convençut el lector que, més enllà d'aquestes grans concepcions del temps pròpies de cada època, també un modest horari quotidià, i molt especialment els horaris familiars, és una manera d'entendre el món. Els horaris quotidians reflecteixen la mena de societat en què vivim i alhora anuncien una manera d'estar-hi integrats. És per això que crec que es pot dir que qualsevol proposta sobre l'educació hauria d'anar lligada a una reflexió sobre com vivim el nostre temps. I, encara, que qualsevol transformació educativa rellevant que es vulgui aconseguir, ha d'anar lligada a una transformació de les formes d'organització temporals.

Tots sabem, però, que resulta impossible proposar transformacions socials globals que es resolguin en el transcurs del nostre temps vital com a educadors, és a dir, en els vint anys que dura, aproximadament, la tutela dels nostres fills. Per tant, la meva proposta és que invertim els termes del problema. Es tracta d'utilitzar els nostres horaris com a instrument revolucionari per canviar la nostra relació amb la societat. Que de ser-ne o sentir-nos-en víctimes passives, passem a ser capaços d'actuar amb veu pròpia i imposant les nostres regles de joc. Crec que no hi ha cap estratègia revolucionària més astuta i més a l'abast de l'educador que la d'intervenir en l'organització horària familiar –o escolar– per aconseguir els canvis que li agradaria assolir.

L'educació invisible

Tot el que he escrit al llarg del llibre sobre l'educació porta a descobrir allò que en podríem dir l'*educació invisible*. És a dir, que cal entendre l'educació com el resultat d'un aprenentatge continuat de maneres de fer, de dir o de pensar, més que no pas com la conseqüència de la influència aconseguida a través de lliçons teòriques o, més habitualment, de sermons i sermons. És, simplement, la constatació que al costat de la imprescindible exemplaritat, els sermons no serveixen de res o de ben poca cosa. L'educació és una acció sobre la qual l'educador pot reflexionar tant com vulgui, la pot sistematitzar en principis i procediments i hi pot introduir canvis voluntàriament. Però pel que fa a qui és educat, les conseqüències de l'educació són poc visibles. I, en alguns casos, tot i que no quedi bé dir-ho, l'eficàcia de l'educació depèn de l'absoluta invisibilitat de les seves influències més profundes.

És a dir, que l'educació transmet uns models, unes maneres de fer i de pensar, uns estils de vida, que seran eficaços –especialment en els primers anys de vida– en la mesura que siguin vistos com els únics possibles, com a expressió de *les coses tal com són*, d'un món suposadament *natural* i *espontani*.

Els models en què som educats es transmeten, en definitiva, de manera implícita –no com un reglament que es pugui escriure–, de manera viscuda –no com a resultat d'una classe teòrica– i només són resistents en la mesura que poden ser viscuts amb una certa inconsciència i *espontaneïtat*. Per això, l'educació formal, allò que ens proposem transmetre com a pròpiament educatiu, si no té el suport d'allò que realment fem, pot ser una pèrdua de temps. L'exemplaritat és una condició necessària, encara que com molts pares i mestres saben, no és suficient per a un bon èxit educatiu.

Calia recordar tot això perquè si bé ja teníem clar que un horari familiar de cada dia, com a concreció d'una manera més global de viure el temps, generalment sense saber-ho ni voler-ho transmetia una manera particular d'entendre la vida, ara feia falta insistir que el fet educatiu es dóna tant per acció com sobretot per omissió. És a dir, que encara que mai no haguem reflexionat sobre els nostres horaris, ells fan la seva via i eduquen –o mal eduquen– al marge de la nostra voluntat. I, al revés:

que si sabem posar els horaris al servei de l'educació que nosaltres volem donar, llavors, també de manera *invisible,* aquests horaris faran la seva feina, sense que els hagi d'acompanyar cap sermonet.

Prioritats reals i rutines apreses

Efectivament, un horari familiar descriu una organització quotidiana que delata de manera crua i transparent quin és el sistema de prioritats real d'aquella família. Un horari no explica allò que una família en qüestió creu que hauria de ser el més important, sinó allò que, fatalment, s'imposa com a més important. I aquestes prioritats reals són les que determinen les possibilitats pràctiques d'experiència social i les que fan accessibles unes particulars formes de relació entre els seus membres i amb l'exterior.

És a dir, un horari indica no pas allò que ens agradaria fer en el pla ideal, sinó allò que realment fem, allò a què som capaços de dedicar més hores, allò que passa davant de tot; el que sempre queda per fer i el que sempre acabem fent sense voler-ho. L'horari, com que és el que ens permet que fem unes coses i en deixem de fer d'altres, en definitiva és la condició prèvia de les nostres possibilitats pràctiques de viure d'una o altra manera.

L'horari, d'altra banda, té la gran força de ser, bàsicament, un sistema de rutines apreses. És a dir, que no exigeix una actitud reflexiva prèvia –encara que la permet– i, per això mateix, la seva principal virtut és que estalvia temps. Saber què cal fer a cada moment és una rutina francament molt pràctica. Fins i tot quan la rutina preveu que hi ha temps de no fer res en particular. Però en l'horari no cal *creure-hi,* sinó que ens ha de resoldre els problemes d'organització. Aquesta invisibilitat ideològica de l'horari –encara que ja hem vist que no en té res, de neutral, un horari– afegeix *naturalitat* a l'experiència de l'ordenació temporal. Tenim gana a unes hores determinades; tenim son just a l'hora que tenim costum d'anar a dormir; trobem a faltar la passejada setmanal habitual si alguna vegada no la podem fer...

Sabem que el nostre és un horari particular i que podria ser diferent. Però la rutina de llevar-se a les set del matí –és un exemple– acaba donant forma a una jornada que és viscuda subjectivament *com si* el món comencés a les set. Per al qui es lleva a les set, aquest esdevé el seu punt de referència i és a través de la nostra mirada horàriament condicionada que descobrim que també hi ha gent *matinera* que es lleva més d'hora i gent que *ganduleja* i es lleva més tard.

Aquesta *naturalitat* dels nostres horaris particulars arriba al punt de fer difícil imaginar com podria ser la vida d'una altra manera: per al qui se sol llevar a les deu o les onze del matí, li és difícil entendre el sentit d'una vida començada a les sis o les set. Una *naturalitat* que és la responsable de la perplexitat que sent el jove noctàmbul que espera el cap de setmana per viure la nit a tot drap, quan veu que els seus pares aprofiten el cap de setmana per anar a dormir a les onze de la nit. I, és clar, la perplexitat dels pares respecte del fill. Però tant llevar-se a les set com a les deu són meres convencions. Com ho és que, a les onze de la nit, uns vagin a dormir i els altres surtin de marxa.

És gràcies a aquesta naturalització que creen les rutines horàries que som capaços de dir –i d'estarne segurs– que si no fos per aquell cafè de les onze del matí no arribaríem a migdia, o que a mitja tarda, *religiosament,* necessitem prendre un te si ens volem mantenir concentrats en la feina, o que no podríem anar a dormir sense haver-nos pres la infusió. O que els dissabtes necessitem fer exercici, o que els diumenges no serien diumenge sense aquella migdiada. És a dir, les rutines horàries creen realitats subjectives extraordinàriament sòlides.

Els horaris, en definitiva, són una graella elemental d'organització que ens estalvia feina, són estructures d'acció que transmeten valors fonamentals i que permeten que aquests valors siguin experimentats més que no pas reivindicats.

Però, alhora, com que tenen molta força i influència, pot ser que ens facin fer el contrari del que aspiraríem a aconseguir, que desmenteixin els valors que prediquem i que facin que ens sentim víctimes de la nostra pròpia situació, si és que tenim la sort d'adonar-nos-en. Per tant, un horari pot ser un gran aliat educatiu, però també pot representar tenir l'enemic a casa. Un horari quotidià, ho repeteixo, com passava amb la tela d'Ariadna, pot ser que cada dia desfaci allò que precàriament hem teixit quan hem volgut educar.

Com intervenir en un horari domèstic

Aquest llibre no s'ha proposat donar receptes a favor d'uns determinats continguts educatius. Però a vegades, els exemples concrets són una manera d'il·lustrar possibles formes d'intervenció educativa, encara que l'exemple només sigui això: una situació possible. En aquest cas dels horaris, a més, crec que pot ser convenient fer un pas més en aquesta direcció, i mostrar alguns tipus d'intervenció horària possible, encara que és clar que cadascú ha de saber trobar els seus camins particulars. Allò que pot ser bo en uns casos, podria ser nefast en uns altres. Allò que és possible en unes circumstàncies, és impossible en d'altres. Però en l'objectiu de demostrar que hi ha petits canvis de gran transcendència i que els tenim a l'abast, m'agradaria fer un darrer pas per convèncer els lectors.

L'empresa d'introduir canvis en un horari domèstic parteix de la gran dificultat que, a primera vista, sembla que no s'hi pot fer gran cosa. Allò que he explicat sobre la *naturalització* de la realitat social no és una bajanada, i és ben clar que és responsable del fet que pensem que les coses *són com són*, i del fet de sentir-nos víctimes dels horaris. Per tant, cal comptar que d'entrada és normal que ens sentim escèptics respecte de les possibilitats d'intervenció. Però cal posar-s'hi.

Els condicionaments

En primer lloc, suggereixo que es prenguin en consideració els condicionaments que són veritablement exteriors: els horaris fixos que ens són donats pel treball, l'escola i altres compromisos realment ineludibles. Cal detectar-los i examinar-los. La impressió que hi ha coses que no poden canviar forma part de la nostra mentalitat conservadora i acomodatícia, no pas de la rigidesa dels horaris.

Pot ser que, en algun cas, el canvi no pugui ser immediat, però que, si s'ho val, a la llarga es puguin negociar modificacions. I, és clar, cal no enganyar-se respecte de determinades obligacions: una activitat extraescolar no és un element fix de l'horari, sinó un fet voluntari a reconsiderar. I la tertúlia de vint minuts al sortir de la feina, tot i que respectable, no es pot incloure tampoc dins de l'horari fix de treball.

D'altra banda, hi ha elements fixos de l'horari que, amb una mica d'astúcia, també es poden convertir en un element educatiu interessant: per exemple, anar a buscar el pare o la mare que ha d'arribar més tard a casa a la parada de l'autobús o a l'estació de tren, pot convertir una espera diària malhumorada en un passeig i una conversa ben relaxants. Les parelles d'enamorats, se'n fan tips d'anar-se a buscar els uns als altres a la feina, per poder fer un petit passeig diari: de la necessitat sempre se'n pot fer virtut.

Marges de maniobra

Segonament, una vegada vistes les limitacions, cal analitzar els marges de maniobra disponibles. Cal començar a fer una llista de les coses que, una hora o altra, s'han de fer: quant temps ocupen i qui se'n responsabilitza. Hi haurà sorpreses, és clar, i alguna discussió seguida per més d'un disgust. Tocar les rutines aparentment inofensives és remenar coses molt profundes, com ara revisar la distribució del poder i de les càrregues domèstiques. Darrere d'un horari domèstic hi ha la concreció de les formes de dominació i abús, a vegades culturalment apreses, a vegades familiarment instituïdes. En algunes ciutats italianes, han començat a intervenir en l'organització dels horaris de les dones com a estratègia a favor de la igualtat entre homes i dones. Per tant, hem de saber que juguem amb foc, i que revisar uns horaris posarà al descobert alguns problemes domèstics de fons.

Alhora, aquesta revisió del marge de maniobra que tenim, ens ha de permetre començar a distingir entre allò que per nosaltres és essencial i allò que considerem accessori. No ho hem de confondre amb el que és socialment important i el que socialment es considera una pèrdua de temps, ni sobretot, deixar-nos-hi atrapar. Precisament, determinar què és accessori i prescindible o què és fonamental i respectable, pot ser l'inici d'un gran debat que ens obligui a revisar idees. Però, generalment, és sorprenent com arribem a invertir obsessivament el temps en coses inútils que socialment són considerades imprescindibles, i com no el sabem perdre en coses que a nosaltres ens resultarien interessants.

Racionalitat pràctica

En tercer lloc, és bo –sense exageracions– establir alguns criteris de racionalitat pràctica, semblants als que aplicaríem si haguéssim de pensar en una conducta estalviadora d'aigua o de diners, però ara dirigida al temps. Revisar qui, com i quan es fan les compres habituals; repensar la distribució del treball domèstic; potser introduir un petit canvi en els hàbits alimentaris que ens lligui menys a la cuina, o incorporar formes de transport públic que alliberin els uns de fer de taxista i els altres, els obliguin a una més gran regularitat a l'hora de plegar de la feina. Un canvi d'horaris pot ser un bon moment per modificar alguns dels mals hàbits col·lectius que tenim –com per exemple l'abús del vehicle privat– o per fer alguns estalvis econòmics interessants.

Finalment, cal establir una llista de prioritats. Unes prioritats que poden ser activitats concretes –temps que es vol dedicar a l'esport o a la lectura– o prioritats de principis que caldrà veure com, més endavant, els traduïm a la pràctica: on situem la necessitat de conversa familiar o de la parella; com fem que un horari sigui un exemple de respecte a les persones; com aconseguir que l'horari afavoreixi la igualtat home i dona d'una manera pràctica; considerar la importància d'introduir setmanalment un cert temps d'ús personal per a cadascú o un temps propi per a la vida de parella al marge dels fills; destinar algun temps a la convivència en silenci...

Els grans moments d'un horari domèstic

Com he dit, és impossible voler entrar en el detall d'uns horaris que són particulars i seria inacceptable voler donar consells. Però sí que hi ha uns grans moments que cadascú ha d'acabar administrant segons les seves possibilitats i dels quals es pot dir alguna cosa merament a tall d'orientació.

Llevar-se. La manera de llevar-nos marca especialment la resta del dia. Pensar una forma de començar el dia que afavoreixi el bon humor i la calma, és fonamental. Potser caldrà llevar-se deu minuts abans per evitar corredisses, per poder desvetllar els fills amb quatre carícies, per coordinar amb els altres membres de la família la resta de la jornada, per compartir uns minuts la taula per esmorzar. Les informacions alarmants sobre els mals hàbits dels nostres nens i nenes a l'hora d'esmorzar s'han d'entendre com una conseqüència dels mals hàbits a l'hora de llevar-se.

Anar a dormir. Em temo que, pel que m'expliquen, a molts pares els costa trobar la manera de fer anar a dormir els fills per tal que esdevingui –i potser per a ells mateixos– l'experiència d'un final de dia positiu. En algunes ocasions, hi ha una mena de rebuig del límit de la jornada, que a la pràctica es tradueix en el mal costum d'adormir-se veient la televisió, sense haver de marcar un punt i final explícit. Hi ha pares que diuen que no poden aguantar la batalla que significa fer anar cada dia a dormir els fills. Els problemes amb la son són tot un altre camp que posa al descobert els mals hàbits educatius d'uns pares que no saben encarar les noves situacions de la vida actual. El metge Eduard Estivill s'ha fet conegut arreu del món amb un llibre traduït a més de vint llengües, *Nen, a dormir,* on s'estudien els hàbits de la son en els nens, perquè ha sabut posar el dit en una nafra immensa però dissimulada dins les parets de cada llar. I el seu consell és clar: cal crear bones rutines horàries.

Per posar un cas que m'interessa particularment, em sembla clar que hi ha criatures que no volen anar a dormir perquè saben que, just quan hi han anat, és quan els pares finalment seuen tranquils al sofà i, naturalment, volen compartir aquesta experiència. I a vegades també he pensat que aquesta dificultat que té l'adolescent i el jove per saber acabar la vida nocturna a una hora raonable, especialment els caps de setmana, podria tenir a veure amb un mal aprenentatge de l'anar a dormir, contra el qual se segueix rebel·lant fora de lloc i de temps. Acostumar a acabar la jornada de manera tranquil·la i reflexiva –una mica de lectura, una conversa breu, la revisió d'alguna situació especialment positiva o d'un conflicte, una pregària en el cas dels creients...– em sembla especialment recomanable.

Els àpats. La nostra tradició cultural ha convertit l'àpat en una ocasió d'una gran riquesa socialitzadora, amb una multitud de regles que fins fa pocs anys han estat transmetent pautes educatives bàsiques. Parlo de la conversa civilitzada, amb un bon autocontrol del llenguatge que és propi a taula, sense insults o grolleries. O de les regles bàsiques de convivència a taula com ara no començar a menjar fins que tothom hi és assegut i no aixecar-se fins que tothom ha acabat. Del servir primer els plats dels altres, no prendre les millors racions o fer ús d'expressions formals com ara *si us plau*, *gràcies* i *de res*. Parlo de l'actitud respectuosa amb qui ha preparat l'àpat que es mostra menjant de tot i de l'autocontrol de no menjar capriciosament.

Les possibilitats educatives d'un bon sistema de normes durant els àpats són tan grans que caldria considerar si l'horari de menjar no hauria de ser una de les grans prioritats. Menjar plegats, a casa, pot ser la millor experiència, i la més divertida, de tot el dia.

Veure televisió. La televisió va entrar a casa sense que sabéssim com tractar-la. Els primers anys, hi havia algunes normes manllevades d'altres camps. Així, en algunes cases no es podia veure televisió per Setmana Santa, o en cas de la defunció d'algun familiar. I l'hora d'anar a dormir era l'establerta, ni que caigués a mig programa de televisió. O s'imposaven restriccions al nombre de sèries que es podien veure. Però això passava quan la televisió, que aquí era l'espanyola, era culturalment tan tímida i avorrida com ideològicament conservadora. Després, amb l'explosió de l'oferta televisiva, poques famílies han trobat la manera de domesticar aquest intrús que s'ha instal·lat al millor lloc de casa i ha acabat imposant els seus horaris: ens fa anar a dormir a tres quarts de quinze, a vegades fa arribar tard a la feina, ens impedeix anar a donar un tomb, fa emmudir un diàleg interessant, etc. Cal que la televisió deixi de ser un adversari, però això només s'aconsegueix si se la sap domesticar. I se la domestica amb un horari.

Telefonar. El telèfon ha esdevingut una eina tan estimada que se li perdona tot. A diferència de la televisió, sempre sospitosa de maldat, el telèfon se les campa per casa interrompent converses, àpats, son endarrerida i intimitats discretes. Primer, l'arribada del supletori, després dels telèfons sense fil, dels contestadors automàtics i ara del mòbil, han anat introduint variacions en les formes com ens hi relacionem, que sempre ha seguit un camí ascendent. Quanta estona destinem, cada dia, al telèfon?

Sembla que amb tota la nova tecnologia disponible, definitivament, hauríem de ser capaços d'establir alguna mena de codi d'ús del telèfon de manera que aquest deixi de ser un invasor domèstic i respecti els nostres ordres personals i familiars. A l'hora de revisar un horari, seria oportú saber si, a casa, el telèfon ens és un aliat a favor del nostre temps, o si va a favor del temps d'algú altre.

Llegir, escoltar música. Com tot, llegir o escoltar música és un costum, una rutina. Si llegir un llibre ha de ser una excepció a la nostra vida, un acte de voluntat sacrificada, un gest de coratge davant dels fills, fracassarem perquè mai no hi haurà una estona de temps que ens digui: que vols llegir, ara? I, al contrari, si tot el dia tenim música de fons a casa, la decisió «ara em posaré a escoltar música» serà estúpida.

Si creiem, sincerament, que és bo llegir, fins i tot abans de determinar si ens agrada o no, cal que fem la prova de destinar un temps regular per fer-ho. No sabrem si ens agrada llegir fins que no haguem tingut temps de fer-ho com cal: de manera continuada, en un temps específic i regular, en un clima adequat, com una rutina. Si tot i així se'ns fa costa amunt, llavors podem dir que, efectivament, no ens agrada llegir. Però abans de passar per l'experiència de la rutina de la lectura, no estem en condicions de dir res. I amb la música, és igual: fins que no aconseguim que la major part del dia hi hagi silenci a casa, no podrem saber si ens agradaria destinar dues hores del dissabte a la tarda a escoltar amb atenció aquella música que tant ens va agradar una vegada, o a anar directament a un concert en viu.

El cinema, el teatre, els concerts i les conferències. El problema dels espectacles no és, en molts casos, el seu preu elevat, sinó el temps que reclamen. Voldríem anar més a teatre, o al cinema, però el cas és que no tenim temps o, quan hi volem anar, estem cansats... Crec que és convenient iniciar els més petits en l'art de ser bons espectadors. A la llarga se'n faran tips i, pel que es veu tant en el seu comportament en públic com per les seves eleccions, a la majoria de joves actuals els falta una certa iniciació i capacitat de discerniment crític. Particularment, l'autodisciplina pròpia de tot espectacle, saber estar quiet, en silenci i atent, passa hores baixes.

Molts de la meva generació, això ho vam aprendre anant a missa els diumenges. Però per a les criatures d'ara, saber aguantar quaranta-cinc minuts quiets, és una experiència *al·lucinant.* Per això, als nous cinemes és permès de menjar, els braços dels seients es poden aixecar perquè la gent s'hi estiri, es posen els peus al clatell del de davant, es comenten les pel·lícules com si fossin a la butaca de casa...

Comença a ser difícil veure cinema sense que sembli que ets al menjador de casa dels veïns. Per això, doncs, cal una iniciació precoç a l'espectacle, per a la qual cal fer un lloc als horaris.

Els treballs domèstics. Un horari, com he dit, és un mapa claríssim de la distribució del poder a la llar. Un poder que es concreta a saber qui té dret a sentir-se rebentat i no moure el cul de la butaca, qui té el comandament de la televisió i pot obligar a la resta a saltironar pels canals que ell vol o a qui li espera una segona jornada de treball a casa.

Que consti que no crec que, en general, en l'àmbit domèstic, el poder estigui tot a mans d'uns i que d'altres puguin sobreviure sense tenir-ne gens. Això seria insuportable. El que passa és que hi ha àmbits d'especialització i, a més, està mal repartit. Perquè qui té el poder de dir que està rebentat i de no fer feines domèstiques, és segur que llavors ho paga amb menys poder en un altre àmbit. I si un fill pot imposar dictatorialment una programació de televisió, llavors és gairebé segur que se l'exclourà d'altres espais on es pot témer que faci el mateix.

En qualsevol cas, tots els discursos sobre la igualtat de drets, totes les solidaritats amb els desposseïts de la terra, totes les crides a la tolerància, totes les proclames independentistes són paper mullat si a casa resulta que, a les feines domèstiques, som diferents i insolidaris, i si uns han de ser-hi tolerants i els altres se n'independitzen. Potser és a casa on s'hauria de començar a crear la nostra pròpia ONG de voluntaris pel treball domèstic, on caldria descobrir els nous *okupes* de la cuina o on caldria plantar més d'una bandera de la independència televisiva.

La vida social. La vida social –la relació amb els amics i la família en el sentit extens– és un altre aspecte a organitzar amb un horari. La pèrdua de les formalitats entre amics i família que imposaven un cert ordre a aquest món de relacions, ha estat de conseqüències nefastes. Seguint la llei del pèndol, la manca de criteris ha portat, a vegades, des de l'absència de relacions formals amb la família, que es liquiden amb un cop de telèfon i una mala excusa –«volíem passar un moment a veure l'àvia, però hem hagut d'acompanyar el nen a una festa d'aniversari i se'ns ha fet tard...»–, fins a una presència abusiva de determinats familiars a les cases que fins ara havia provocat molts fracassos matrimonials. Ara, l'abús dels avis per fer-los fer de mainadera, en el sentit contrari, pot provocar una gran onada de divorcis a partir dels seixanta-cinc anys.

I pel que fa als amics, és el mateix. Allò que Richard Sennet n'ha dit *la tirania de la intimitat* (*The fall of public man*, 1974) és especialment cert en les relacions amb amics: la manca de formalismes i una franquesa sense límits pot fer que un diumenge a mitja tarda es presentin a casa sense avisar, i que rebentin l'estona de lectura prevista o una conversa més que convenient amb el fill adolescent o, també al contrari, que no se sigui capaç de trobar mai el moment de veure's. Un horari, per bé que no ha d'arribar a regular amb data i hora la nostra vida social –abans he parlat de la imprescindible flexibilitat dels horaris–, sí que ha de preveure per a la vida social un temps raonable, però limitat i sotmès al conjunt de prioritats horàries que haurem establert.

Badar. Un horari no ha d'estar principalment al servei de la rendibilitat econòmica del temps. Es tracta també de fer possibles experiències per a les quals, d'altra manera, mai no trobaríem el moment. Però no és qüestió de fer-n'hi caber més, d'experiències, ni d'haver de garantir que no perdrem el temps. Ben al contrari, un horari familiar ha de facilitar la possibilitat de perdre temps de manera sobrada.

Particularment, un horari ha de donar temps per badar, una de les experiències més humanitzadores i creatives que tenim a mà. Badar, com tot, demana entrenament. Sí, perquè badar no és bavejar, vull dir, deixar el cervell en un estat d'encefalograma pla. Badar és deixar que sigui la realitat visual, sonora, olfactiva, a vegades tàctil i tot, la que s'imposi damunt de la nostra consciència obsessivament ordenadora, de manera que aconseguim sorprendre'ns d'allò que és aparentment normal i conegut. Badar és disciplinar la nostra receptivitat, en el sentit de fer-la més oberta al desconegut. Badar, en definitiva, ens fa més respectuosos amb allò que no coneixem.

11
El coratge de tenir futur

Hi ha un cert dramatisme històric associat al fet de ser jove. La vida, fins fa pocs anys associada a la malaltia, la guerra o la desgràcia natural, feia que els joves fossin uns *portadors incerts de futur:* pocs n'acabaven tenint gaire, de futur. Actualment, amb una llarga esperança de vida per endavant, els temors associats als ultimàtums ecològics, a les noves epidèmies, a les crisis econòmiques i a tots els perills tecnològics, són els que han convertit els joves en uns *portadors de futur incert.* I, en una societat fonamentada en la idea d'un progrés i un creixement econòmic il·limitat, reconèixer que el futur és incert i perillós és tant com prendre la pastanaga que fins ara feia avançar el ruc. Les primeres víctimes d'aquesta por davant el futur són, inevitablement, els qui més en tenen: els joves.

Si em pregunten quin és, avui, el principal problema de l'educació, no en tinc cap mena de dubte: que no transmet esperança en el futur. I si no hi ha esperances d'un futur millor, l'educació, segons allò que havia citat de Ciceró en començar, no tan sols no pot alliberar de la tirania del present, sinó que n'accentua l'opressió.

Joves amb i sense futur

He dit que hi ha un cert dramatisme en el fet de ser jove. Generalment, de les idealitzacions ensucrades de la publicitat –joves riallers, guapos i amb diners– se sol passar a una representació social dels joves molt negativa. Se'ls vincula als perills de la droga i el sexe; a les violències quotidianes de les tribus urbanes de caps pelats; a la desmotivació escolar; als comportament gregaris dels grans rituals musicals; a la submissió a la moda o a la vida nocturna viscuda com a transgressió de tots els límits i, per tant, a un còctel perillós d'alcohol, velocitat i ritme frenètic. Naturalment, això no descriu tots els joves. Ni a una majoria significativa. Però estic parlant de les imatges socials que els educadors viuen com a amenaces potencials.

Encara que sé perfectament que no són majoria els joves que s'ajusten a aquesta imatge negativa, trobo comprensible que molts pares i mestres sentin una esgarrifança profunda quan passen, per exemple, davant dels milers d'adolescents que fan cua dissabtes i diumenges a la tarda a les sessions de discoteca especials per a aquestes edats. El vestuari, els pentinats, i més que els moviments, les poses –les converses no les he escoltat, però acabarien de reforçar la mateixa idea– indiquen, a la cua i abans de començar la *festa*, una docilitat absoluta davant de cada nova i banal proposta de la cultura popular industrialitzada de massa. Vull dir que en aquesta associació catastrofista entre joves i perills, no tot és «mala imatge» inventada i que hi ha, també, fets comprovables que l'expliquen.

Idealització i criminalització

Ara bé: també és cert el contrari. Hi ha molta ingenuïtat en l'habitual idealització de la joventut. I una cosa i l'altra, criminalització i idealització, no són en absolut contradictòries, ni que a primera vista ho sembli. Ambdues perspectives, la catastrofista i la beneita, es fonamenten en tòpics que estalvien, precisament, haver de pensar de manera crítica. En un sentit oposat al catastrofisme, els joves d'anunci o els d'aquestes sèries televisives que expliquen els embolics sentimentals d'un món estrany on tothom té entre els setze i els trenta anys, tampoc no té cap connexió amb la realitat. Aquest món de joves que sempre estan en forma i que s'ajusten estrictament als cànons dominants de la bellesa actual, és tan fals com el dels joves identificats amb totes les marginalitats possibles.

Val a dir que tot això no és nou. Ni les idealitzacions toves, ni els dramatismes forçats. Llegiu, si no, aquests textos:

1. «Sobre la joventut pesen bon nombre d'interrogants turmentadors, de problemes de difícil solució... Els joves arribem als 25 anys. La vida esclata amb flors de mil colors en el nostre interior. Voldríem lluitar, fundar una llar, ésser feliços. Però no hi ha treball. Caldrà que voltem tot el dia pels carrers, sols [...]. Som una càrrega per a la família. Piquem a la porta que piquem, tothom ens respondrà: "hi ha crisi". Quin futur ens espera, doncs?»

2. «Es casi un tópico. Prensa, radio, televisión, cine, teatro... vienen sacando a la luz el espectáculo de una juventud en crisis. Ofrecen todo un panorama de juventudes cretinas, bostezantes, aburridas y gamberras. [...] Por otra parte los jóvenes de hoy hemos llegado al mundo en una época de rápidos progresos y cambios bruscos. El mundo entero está en una crisis que todos hemos de superar.»

3. «Els joves ja no sabem on caure morts. L'atur ens aclapara. I el treball? Aquesta paraula per a nosaltres ja comença a ser una utopia. Queden encara tants problemes per solucionar, tantes promeses i desil·lusions continuades, que ja només em queda dir: passo de política. El meu passotisme no és un passotisme rebel típic en els meus 18 anys...»

Observeu que, en tots tres casos, en els textos parlen joves. En tots tres casos es parteix d'una concepció ideal de la joventut que ara, precisament ara, es veu abocada a la crisi, d'una manera particular per la manca de treball i per una mala imatge pública poc o molt injusta. En definitiva, tots podrien ser textos ben actuals. I tanmateix... Tanmateix, els textos, extrets del llibre *La joventut com a metàfora* (Barcelona, 1993) escrit per Carles Feixa –un dels principals estudiosos de la joventut d'aquest país– són, per ordre, publicats el juliol de 1936 a la revista *Combat*; el 1965 a la revista *Relevo* i el març de 1987 a la revista *Jovent*. Circumstàncies socials, polítiques i econòmiques ben diverses, però tots coincidents en la percepció de la realitat atribuïda als joves.

La conclusió de la coincidència no és que sigui del tot clara. Però o bé les anàlisis dels autors estan esbiaixades i no responen a la realitat, o bé totes són anàlisis encertades de la realitat, i llavors cal pensar que les coses no han canviat pas tant. Personalment, m'inclino a interpretar-ho de la següent manera: les realitats social, econòmica i cultural, sí que han canviat molt, i especialment per als joves. En canvi, allò que és constant, és el dramatisme associat al tipus de la mirada sobre la condició juvenil. El dramatisme, palpable en tots aquests textos, tindria el mateix origen: la incertesa respecte al futur vinculada més al fet de ser jove que a les realitats tan diferents de 1939, 1965 i 1987.

Els joves, un mirall

En altres ocasions he escrit que els joves, en contra del que se sol dir, no constitueixen un món a part, ni un món diferent de tota la resta. Lamento que algú, especialment si és jove, en quedi desil·lusionat. Però els joves són, tot al contrari, un mirall molt fidel de la societat. Els joves no es fan autònomament, com els agradaria pensar a ells mateixos i com consolaria els adults, que quedarien desresponsabilitzats de les pròpies influències. El joves són fets a imatge i semblança dels adults. A semblança dels pares, és clar, però també de tota la resta.

La major part de canvis que viuen els joves, i que no són pas tan impressionants en el curs d'una sola generació com podria semblar, no els han aconseguit ells sols, sinó que els han provocat els mateixos adults, que són els responsables de la majoria de transformacions del món dels joves. Els joves, si de cas, transformaran el món dels seus fills. En l'exemple d'abans dels adolescents que feien cua a la discoteca, no s'ha d'oblidar que la moda a què estan sotmesos, tot allò que hi consumeixen i els comportaments que hi adopten, els és proporcionat per adults. Són els adults el que ho han pensat, dissenyat, fabricat, anunciat, distribuït i cobrat. En definitiva, els adults són els que hi fan negoci. Res d'original, i gairebé res de propi, doncs, en la conducta d'aquests adolescents.

Una altra cosa és que, subjectivament, adults i joves es vegin diferents, i uns i altres ho atribueixin a les seves pròpies virtuts. En un altre capítol ja he parlat de les ganes que solem tenir de ser protagonistes de la nostra pròpia història, i de com això desenfoca els fets a l'hora d'atribuir responsabilitats. Però aquestes distàncies, entre joves i adults, o entre pares i fills, són més curtes que no semblen.

En una ocasió, els nois i noies responsables d'una unitat d'un agrupament escolta em van demanar si podíem tenir una conversa sobre els problemes de motivació amb els nens i nenes que portaven. Com sol ser habitual en aquestes organitzacions, on queda molt poca gent amb experiència, els meus interlocutors devien tenir entre divuit i vint anys. Doncs bé, a part d'altres consideracions xocants, recordo que un d'ells em va dir: «Constatem que entre ells i nosaltres hi ha un tall generacional insalvable, que fa que no ens puguem entendre.» El tall entre generacions, en aquest cas, era de tres o quatre anys... I és que una cosa és no entendre's, i l'altra és ser diferents.

Projecte i mercat

Ara bé, allà on sí que hi ha molta diferència entre adolescents i joves d'una banda, i adults i gent gran, de l'altra, és en el futur: els joves porten molt futur amb ells, i als grans els en queda poc. I als joves se'ls jutja, o se'ls mira, no tant pel que són ara mateix, sinó pel que anuncien sobre el futur. Per tant, els joves són jutjats com a projecte. I és com a projecte que, sobretot, fan patir els adults: per arriscats o per poc ambiciosos, per massa idealistes o per massa pràctics.

D'altra banda, crec que el que més angunieja molts educadors és que el projecte dels seus fills o alumnes sigui tan semblant a la pobra realitat que, com a adults, ells mateixos han aconseguit. Dit d'una altra manera: el que més empipa d'alguns fills és que delatin tan a la perfecció bona part de les nostres pròpies mancances personals i com a educadors.

En canvi, atribuir als joves desmotivació, passotisme, manca d'idealisme, relaxament moral, materialisme i individualisme, subjecció al mercat i a la moda, superficialitat o inconstància, és un escarni d'allò que també podria atribuir-se al món dels adults. No tots els adults, certament, com no tots els joves, s'ajusten a aquesta descripció. Però potser sí que, com a generació, alguna vegada tots n'hem estat còmplices silenciosos.

Encara hi ha un altre factor que explica que la joventut, com a tal, no sigui res d'essencialment diferent dels adults. I és que, a grans trets, la joventut no ha arribat a ser mai una nova classe, com es podia haver pensat els anys seixanta, sinó que ha acabat sent, per damunt de tot, un mercat. O encara menys: no ha passat de ser una clientela. En bona mesura, la joventut ha estat la creació d'una estratègia de màrqueting. El disseny d'uns usuaris de la indústria de l'oci. La prova és que en els països que no han entrat a la lògica del consumisme no trobaríem una joventut tal com aquí l'entenem. Això no nega pas l'existència de gent d'edat jove. Fins i tot al contrari. El fet que a la ciutat d'El Caire la meitat de la població tingui menys de quinze anys, no fa que hom hi trobi discoteques per a adolescents a cada cantonada.

No cal dir que de joves, més enllà d'aquesta joventut de disseny fabricada com a clientela d'un gran mercat de l'oci, a la nostra societat d'avui també n'hi ha. De joves que es resisteixen fins allà on poden a no ser només un mercat, en són molts. Però, en canvi, la identitat dels joves com a grup està fortament marcada per aquest mercat de consum –sobretot d'oci: moda, música, espectacles...–, i mantenir-se'n al marge els estigmatitza, els marca com a individus rars.

De sala d'espera a sala d'estar

La particularitat d'aquesta identitat juvenil definida com a clientela d'un mercat de consum diferenciat és que, en lloc d'afavorir les conductes dels joves amb pretensió d'arribar efectivament a la maduresa i d'incorporar-se al món adult, les dissuadeix. El mercat busca tenir el màxim nombre de clients el màxim de temps possible. I per tant, treballa per incorporar els adolescents al mercat de l'oci al més aviat possible i per mantenir els joves en les pràctiques *juvenils* de consum com més temps millor. La cultura juvenil, doncs, no és una cultura pensada per afavorir la incorporació al món adult, sinó per aïllar-los-en. La identitat del jove, en aquest sentit, ja no es defineix per la proximitat al món adult, per les successives iniciacions al món dels grans, sinó pel fet d'accentuar-ne repetidament les diferències, ni que siguin marginals i fictícies.

Segons el meu punt de vista, malament rai si un jove només se'n sent perquè li agrada una música diferent de la dels seus pares. Però el fet és que uns gustos musicals incompatibles entre pares i fills, per marginal que sigui la diferència, poden crear barreres molt més infranquejables entre ells que unes diferències fonamentades en experiències vitals.

Aquesta dependència del mercat de consum d'oci no fa, és clar, tota la diferència entre joves i adults. Però l'acompanya i li dóna un determinat sentit. Perquè, tal com havia dit en un capítol anterior, la joventut ha deixat de ser allò que havia estat: una *sala d'espera* per a molts nois –i poques noies– de casa mitjanament bona, que ho eren un màxim de tres o quatre anys. Ara, la joventut ha passat a ser una *sala d'estar*, tant per a nois com per a noies, molt popular –la generalització en la pobresa, sempre iguala–, i per a un període ben bo de quinze anys.

Perill de la provisionalitat

Segons el grup social i el tipus d'entorn urbà, ara s'arriba a la joventut entre els dotze i els quinze anys, a vegades amb conductes més precoces en els grups socials més senzills. I la joventut es pot allargar fins a la trentena, sense cap problema. Aquesta llarga espera va acompanyada d'una més gran escolarització: fa cinquanta anys, la universitat catalana acollia 18 de cada 10.000 habitants, mentre que ara pot arribar als 350 de cada 10.000, i hi ha 40 vegades més estudiants universitaris que llavors, tot i que la població no s'ha arribat a doblar.

Com a contrapartida d'aquesta llarga durada de la formació i el retard en l'accés al món laboral, s'ha incrementat de manera molt notable la dependència i la precarietat del jove, que generalment ha de viure, totalment o en part, a càrrec dels pares. La conseqüència cultural i en els estils de vida que més m'interessa assenyalar ara és el fet paradoxal que l'existència d'uns joves amb moltes possibilitats i amb un futur més obert del que mai podien haver imaginat els seus pares, ha donat lloc a uns joves més dependents i amb més dificultats per imaginar maneres d'incorporar-se al món adult que en cap altre moment de la història. En definitiva, l'increment d'oportunitats ha fet créixer la quantitat de joves mancats de projectes de futur i abocats a una llarguíssima i descoratjadora provisionalitat.

La situació no només afecta la formació i les expectatives laborals dels joves. També modifica de manera rotunda les formes de relació personal. D'una banda, amb els pares. El jove sap que hi haurà de conviure temps i que els cops de porta com a afirmació d'unes idees pròpies, suposadament més habituals els anys setanta, ara serien inútils i gairebé ridículs. Cal transigir, i més a causa de la dependència econòmica que sempre acaba fent abaixar el to de veu. Per la seva banda, els pares saben que als vint i tants anys, ja no s'hi val una tutela inquisitiva, i han d'acceptar els estils de vida dels fills, o fer veure que no se n'adonen.

D'altra banda, canvien les relacions personals amb els companys i companyes de la mateixa edat. En particular, i pel que fa a la relació de parella, és difícil –encara que no impossible– que els joves segueixin el model d'un festeig de dos o tres anys que hagi d'acabar en casori. La mateixa provisionalitat del projecte personal es trasllada a la relació interpersonal. I aquí no es pot pas parlar d'irresponsabilitat o de frivolitat moral dels joves, perquè generalment són els mateixos pares els qui frenen qualsevol establiment d'un compromís formal dels fills dirigit a formar una parella. Els pares volen evitar que els fills no corrin massa, no fos cas que això perjudiqués un futur professional més brillant: «no us compliqueu la vida, sou massa joves, teniu temps de sobres...».

L'alternativa, per tant, són models de relació que s'adequïn a la transitorietat de la situació i, si pot ser, la facin subjectivament acceptable. En un cert sentit, això vol dir frivolitzar o banalitzar les formes de relació. Però això, més que no pas com un retrocés moral, s'ha d'entendre com allò que probablement és: fer, com sempre, de la necessitat, virtut.

El futur que s'escapa dels dits

Les societats i les persones, com s'ha dit abans, es poden conèixer per la manera com viuen el temps. L'entrada a la modernitat va ser, sobretot, una revolució en la manera de concebre el passat, el present i el futur. Mentre a la societat tradicional, tal com ha assenyalat el sociòleg belga Jean Rémy, l'orientació temporal i econòmica dominant anava lligada a l'*aprovisionament*, és a dir, a la reserva de mercaderies davant la impredictibilitat del futur, la societat moderna proposa vincular el temps a la idea de *previsió*. Això és, a actuar segons càlculs racionals de control i d'anticipació del futur. El pas de la *provisió* a la *previsió* representa el salt d'una societat que trobava la seva raó de ser en l'experiència del passat, a una altra que la troba en el domini del futur.

El canvi cultural d'aquest salt el coneixem prou bé. L'experiència llarga perd valor i la capacitat d'innovació i adaptació guanya posicions. És l'hora del progrés tecnològic. Així mateix, l'actitud contemplativa davant el pas del temps és substituïda per l'obsessió pel control del temps. El temps deixa de ser el ritme de les coses i esdevé una mercaderia més. És el triomf del *temps és or*. Abans n'hem parlat.

Il·lusió en dubte

Però aquesta modernitat tan optimista ha tingut alguns contratemps que posen en qüestió aquella il·lusió de control del futur. Crec que cada vegada més és una intuïció general que la noció de progrés il·limitat que contenia la promesa de la modernitat ha fet fallida. Si més no, ha fet fallida la vella idea de progrés i benestar material il·limitat. Havia sentit explicar que, aproximadament, la despesa energètica d'una persona per sobreviure és d'uns vuitanta watts hora. La d'una persona activa, podria ser d'uns cent watts hora, com el consum d'una d'aquestes bombetes incandescents de casa. Però el consum energètic en una societat occidental industrialitzada, supera els 20.000 watts hora per càpita.

L'exactitud de les xifres no és ara el fonamental: l'important és la magnitud de la diferència entre tipus de societats i, sobretot, la consciència que és absolutament impossible imaginar que la humanitat mai pugui igualar per dalt el consum energètic, sense la certesa d'esgotar totes les fonts d'energia en poc més d'unes desenes d'anys.

Precisament, en ocasió d'una conferència sobre joventut, el president Jordi Pujol demanava als assistents a l'acte, que sobretot eren educadors i persones vinculades al món juvenil, que s'expliqués, amb tota la responsabilitat, que el creixement il·limitat s'havia acabat. La idea –relativament nova– que els fills sempre havien de tenir cases més grans i cotxes més llargs que els dels pares, s'ha acabat. En molts casos, és possible que en el futur hagin d'acceptar nivells de confort més limitats. I aquesta constatació, lúcida o intuïtiva, ha posat en dubte la confiança en un futur que semblava predestinat a ser inevitablement millor. Ara ja sabem que també pot ser pitjor.

El presentisme triomfant

D'altra banda, el fet que abans explicava de l'ajornament de l'entrada del jove en el món adult també ha afavorit, en l'àmbit personal, el desenvolupament d'ideologies que es justifiquen en el present. És el triomf del *carpe diem*. La consigna és: aprofita i exhaureix el present, que no saps allò que el futur t'ha de portar. Són concepcions de la vida i maneres de fer –sempre ben lligades– adequades per al fracàs o per disminuir la tensió de l'espera.

Naturalment, aquestes idees no es reparteixen de manera idèntica entre tothom. Hi ha qui viu un *carpe diem* amb la xarxa de protecció a sota, perquè compta amb un futur garantit pels *papàs*. Per a d'altres, el *carpe diem* és l'alliberació de la pressió absurda d'haver de lluitar per un futur que saben perfectament que no és per a ells. Encara per a uns tercers, la temptació del presentisme és la veritable pèrdua d'una oportunitat de futur, que deixen passar de llarg. Per tant, una mateixa posició en relació amb el present pot tenir dimensions ideològicament conservadores o alliberadores, segons qui l'adopti. Però sigui com sigui, en pares, en educadors, en els qui observen amb atenció els joves amb la seva motxilla de futur a l'esquena, no és estrany que hi hagi preocupació.

La combinació de les dues coses, la intuïció que el futur de benestar material té límits i l'extensió entre els joves d'un presentisme consumista sense interès pel futur, ha donat lloc a un nou catastrofisme que té les dimensions d'una epidèmia. Molts educadors parlen del futur tal com el senten: com una amenaça. En unes ocasions, és l'amenaça pel treball: «el dia que hagis de treballar, ja m'ho explicaràs!». En d'altres, és la família allò que es presenta com a amenaça: «el dia que tinguis fills sabràs el que és bo!». Poc abans de l'examen de COU, un professor va amenaçar la classe on anava un fill meu: «El COU no el passareu gaires; però si el passeu, us tombaran a les proves de selectivitat; i si aproveu, no tindreu prou nota per estudiar les vostres preferències; amb tot, si la teniu, difícilment acabareu la carrera... i si l'acabeu, és difícil que trobeu feina.»

Sembla una caricatura, però és exactament allò que el professor els deia, pensant que així els traspassava la pressió d'haver d'estudiar més fort. Però, més enllà de casos extrems com aquest, l'estil és molt i molt repetit en la intimitat de les famílies i en la intimitat de les aules. «El futur us amenaça de deixar-vos a mig camí: correu, correu.» I molts joves s'asseuen per deixar passar els qui volen córrer sense saber ben bé cap a on.

Invitació al futur i conclusions

La conseqüència d'aquest estat de coses és que hi ha molts nens i nenes que no volen créixer, molts joves que no tenen cap interès a ser adults, i fins i tot molts adults que es comporten com a criatures. Per a molts joves, i per a molts nens i nenes, el futur és una amenaça per a la qual no tenen resposta. I com que no els en sabem donar cap, no ens pot estranyar que mirin d'allargar un ara permanentment immadur. L'anàlisi de la cultura juvenil a través de les lletres de cançons podria ser un camí interessant per descobrir els seus sentiments i temors. I és molt significatiu que el suïcidi sigui un dels temes més repetits en alguns concursos juvenils de lletres de cançons. Però en les lletres de les cançons també trobem aquesta insistència en el present, i fins i tot en l'elogi de la immaduresa.

Així mateix, per a la majoria, el futur és una aposta molt arriscada. Com que no hi ha camins ben dibuixats, com aquells hebreus guiats per Moisès, enyorem la seguretat de l'esclau. Els adults hem mimat els joves i els hem acostumat a un dolç esclavatge. Marx havia parlat de l'*esclau feliç*. I Fromm de *la por a la llibertat*. I si el passat pot ser vist com una presó, aquest present que s'acaba en ell mateix també pot ser el símptoma d'una dramàtica renúncia a la llibertat.

Ho deia al començament del llibre: l'objectiu principal de tota educació hauria de ser la d'encoratjar a pensar el futur, a inventar-ne un de nou. I això crec que s'ha de fer amb tres ingredients: amb realisme, amb sentit i amb esperança. Cal fer-ho amb realisme perquè no es tracta d'imaginar futurs impossibles de benestar material, sinó de pensar-ne d'altres possibles d'assolir. I cal pensar el futur amb sentit: és a dir, com a projecte col·lectiu, que integri la pròpia vida en alguna cosa més gran i transcendent. Però, sobretot, és imprescindible pensar el futur amb esperança. Vull dir, des de la convicció que saber pensar el futur és l'única forma de pensar-nos amb futur. I això depèn de la nostra capacitat de pensar críticament el present.

Educar ha de ser una invitació a inventar noves maneres de fer que produeixin una inversió de valors en la qual el desig de benestar material sigui substituït pel de més dignitat personal, cultural i moral. Una invitació a substituir la quantitat d'experiències per la qualitat de les relacions. A abandonar l'excés i el desig il·limitat per una serena sobrietat en les formes de vida.

El temps d'estudi; els records d'una educació familiar que sempre m'han servit de referència; molts anys dedicat a l'ensenyament de joves i adolescents; centenars de conferències a educadors; l'experiència satisfactòria de pare; les llargues converses amb la meva esposa i les divertidíssimes sobretaules familiars amb els meus fills, m'han fet tornar molt realista: l'educació no té res a veure amb els sermons, sinó que s'aconsegueix, dia a dia, abocant-hi temps. I no hi ha res que eduqui tant a un mateix com voler atendre a la responsabilitat d'educar els propis fills.

Índex